Guia para o Novo Mundo

Porque a responsabilidade mutua é a chave para a recuperação da crise global

ARI
Publishers

Michael Laitman, PhD
&
Anatloy Ulianov, PhD

Um Guia para o Novo Mundo Porque a garantia
mútua é a chave para a recuperação da crise global.

Biblioteca do Congresso, número de controle: 2012905804

Tradução para o Português:
Andie Sheppard
Cesar Valério
Valéria Konishi
Editor Associado: Mary
Editor de Texto: Claire
Layout: Baruch Khovov
Capa: Inna Smirnova
Editor Executivo: Chaim Ratz
Publicação e Pós Produção: Uri Laitman

Primeira Edição: Janeiro de 2013
Primeira Impressão

Prefácio

A agitação social que se iniciou em 2011 se espalhou como um incêndio florestal global, exigindo igualdade, justiça social, justa distribuição de renda, e em alguns

casos, a democracia.

Por que 1% da população mundial possui 40% da riqueza? Por que os sistemas de ensino em todo o mundo produzem crianças infelizes e sem educação? Por que há fome? Por que o custo de vida cresce quando há suficiente produção para abastecer a todos e com sobra? Por que existem ainda alguns países onde a dignidade humana e a justiça social são inexistentes? E acima de tudo, quando e como serão esses erros serão corrigidos?

Em 2011, essas perguntas tocaram o coração de milhares de pessoas em todo o mundo, e as pessoas saíram às ruas. O grito por justiça social tornou-se uma exigência

na qual todos podem se unir, independentemente de
raça, religião, sexo ou cor, já que há muito tempo
desejamos uma sociedade onde possamos nos sentir
seguros, confiar em nossos vizinhos e em nossos amigos, e
garantir o futuro dos nossos filhos. Em tal sociedade,
todos irão cuidar de todos, e agarantia mútua, onde todos
garantirão uns aos outros, o bem-estar prosperará.

Mas como podemos alcançar a garantia mútua?
Como cidadãos tornam-se confiantes e seguros,
sabendo que se caírem amanhã, haverá alguém para
cuidar deles?

A busca pelas respostas a estas perguntas
complicadas, que valem a pena levou à decisão de
escrever este livro. Sim, apesar de todos os desafios,
acreditamos que a mudança é possível e que podemos
encontrar uma maneira de colocá-la em prática. E
precisamente por causa disso, o livro que você está
segurando em suas mãos é um livro positivo e otimista.

Temos agora uma oportunidade única para
alcançar a transformação global de uma maneira
pacífica e agradável, e este livro tenta nos ajudar a
pavimentar o caminho para esse objetivo.

A Estrutura do Livro

O Livro está dividido em duas partes com índices

Parte 1:

O conceito da Responsabilidade Mútua

Capítulo1:

O Mundo Integral Emergente.

Capítulo 2:

Como a Natureza se encaixa no conceito de Garantia Mútua.

Capítulo 3:

Implementando os princípios de garantia mutua na sociedade.

Capítulo 4:

Uma nova abordagem para o conceito de justiça social.

Parte 2:

"Construindo uma nova sociedade:" uma revisão e novas perspectivas dos princípios apresentados na Parte 1.

Índices

Referencias de publicação no que tange a sociedade, economia

e educação.

Parte Um

A Revolução do Coração

Um Novo Mundo

"Estamos todos no mesmo barco, uma economia global.
Nossas fortunas crescem juntas, e eles caem juntas. ... Nós
temos uma responsabilidade coletiva para trazer um mundo
mais estável e mais próspero, um mundo
onde cada pessoa em cada país possa alcançar seu pleno
potencial."[1]

Christine Lagarde, Managing Diretora do
Fundo Monetário Internacional (FMI)

As inquietações mundiais de 2011 mudaram o mundo de forma irreversível. Milhões de pessoas tomaram as ruas em vários países em todos os continentes,
desde a Primavera Árabe através Ocupar Wall Street. Onde quer que a "tempestade social" bateu, as demandas por justiça social e igualdade ressoou através das multidões (com variações compreensíveis entre os países e suas culturas).
As pessoas começaram a exigir soluções para seus

problemas; problemas, elas queriam mudanças. Muitas vezes, as pessoas não conseguiam formular suas exigencias em palavras, mas uma profunda sensação que estavam sendo maltratadas as levou a agir, sairam às ruas e protestaram, às vezes correndo risco de morte. Por que esses protestos ocorreram? Por que ocorreram naquele momento? Por que aconteceramm com sincronia tal, parecendo que um protesto abastecia o outro? Para entender como as coisas funcionam em uma era global, precisamos olhar para o estado da humanidade de maneira mais ampla,ao invés de considerar cada aspecto separadamente.

"Os historiadores vão olhar para trás e dizer que este não era u momento normal, comum, mas um momento de definição: um período de mudança global sem precedentes, um momento em que um capítulo terminou e outro começou - para as nações, para os continentes, para o mundo inteiro." 2

Gordon Brown, historiador,
ex-Primeiro Ministro do Reino Unido (2008)

Desde a eclosão da crise global, em 2008, tornou-se cada vez mais claro que estamos em um ponto histórico. As taxas de divórcio estão constantemente aumentando, e muitas pessoas não querem se casar ou ter uma família. [3] O uso de drogas está aumentando,[4] e a violência e os crimes continuam, apesar do fato de que a população carcerária nos Estados Unidos dobrou nestes últimos quinze anos.[5] O sistema educacional entrou em colapso,[6] com instituições de ensino oferecendo ou uma educação pobre ou fora do poder aquisitivo da maioria das pessoas.[7]

A insegurança é tão grande que hoje há mais armas do que pessoas nos Estados Unidos,[8] e a tendência é aumentar.[9] Por este ângulo não de surpreender que "quase quarenta por cento da população sofra de alguma doença mental."[10]

Até hoje a humanidade gradualmente avançou de geração em geração acreditando que nossos filhos teriam uma vida melhor que a nossa. Isto nos deu força e esperanças. Mas hoje o futuro não parece tão promissor. [11] Parece que a humanidade perdeu o rumo

O principal indicador da nossa perplexidade em relação ao futuro é a situação econômica. Desde 2008, o mundo está em uma crise econômica prolongada. Pior ainda, as perspectivas de encontrar uma maneira de sair dela parecem sombrias. Nouriel Roubini, economista líder previu a crise global, alertou que poderíamos enfrentar "outra Grande Depressão. As coisas estão piorando e a grande diferença entre hoje e o que aconteceu anos atrás é que desta vez estamos sem uma política adequada."[12]

O Magnata dos negócios e investidor, George Soros, também afirma, "Estamos à margem de um colapso econômico."[13]

E Sir Mervyn King, atual dirigente do Banco da Inglaterra, conclui, "Esta é a mais séria crise financeira que temos visto, pelo menos desde a década de 1930."[14]

O declínio constante da economia global é preocupante porque envolve mais do que apenas nosso dinheiro. A economia não é uma rede neutral da indústria, negócios ou bancos. Mais do que qualquer coisa reflete nossas ambições e desejos, nossas relações e a direção à qual nos dirigimos. Assim sendo, como será detalhado abaixo, a crise na economia aponta para um sério problema na sociedade, ou melhor, nas relações humanas.

O Que é Uma Crise?

O Dicionário Merriam-Webster's define crise como "O momento de mudança para melhor ou pior." Também, "O momento decisivo," e "Um tempo ou estado crucial de relações no qual uma mudança decisiva é eminente," ou "Uma situação que alcançou sua fase crítica."

Em grego, *krisis*, literalmente significa, "decisão,"

e vem de *krinein*, "decidir."

A conexão entre as pessoas de todo o mundo tem crescido muito mais nas últimas décadas. A globalização criou um fluxo de bens, serviços, informações e pessoas de um lugar para outro, realmente houve um "encolhimento" do mundo que o tornou uma aldeia global. Ian Goldin, diretor da Oxford Martin School, da Universidade de Oxford, e ex-vice-presidente do Banco Mundial afirmou em uma palestra: "A globalização está cada vez mais complexa, e essa mudança está ficando mais rápida. O futuro será mais imprevisível. ... O que acontece em um lugar muito rapidamente afeta tudo. Este é um risco sistêmico ".[15]

A globalização tornou claro que todos estamos conectados e dependentes uns dos outros como engrenagens de uma máquina. Um evento que ocorre em uma área do planeta pode instigar um efeito dominó que envia ondas por todo o mundo.

As conexões comerciais no setor automotivo entre os EUA e o Japão exemplificam como a interdependência é o nome do jogo em um mundo globalizado. Os devastadores terremoto e tsunami que atingiram o Japão no dia 11 de março de 2011 prejudicaram a cadeia de produção e importação de automóveis e autopeças do Japão para os EUA .Embora as linhas de produção das fábricas e montadoras japonesas nos EUA sofreram um grande impacto, houve um impacto positivo em outras montadoras, que ganharam maior participação no mercado por causa dos problemas no Japão.

O Mercado financeiro é talvez o melhor exemplo da interdependência internacional. Títulos de um governo comprados por outros governos mantém a economia e realmente mantém os países presos em laços indissolúveis O governo chinês, por exemplo, deve comprar títulos dos Estados Unidos para que os americanos possam comprar os produtos chineses, assim mantendo o rápido crescimento chinês e evitando que a China sofra com o desemprego.

O editor da Newsweek Internacional, Fareed Zakaria, descreveu eloquentemente este entrelaçamento em um artigo da revista Newsweek intitulado "Saia das Carteiras: O mundo precisa de americanos que gastem": "Se os deuses da economia me dissessem que eu poderia ter a resposta para uma pergunta sobre o destino da economia global ... gostaria de perguntar, "Quando o consumidor americano começará a gastar de novo? [16] De fato, nos ornamos uma aldeia global, completamente dependentes uns dos outros para o nosso sustento.

Um exemplo mais recente de interdependência global é a crise da dívida americana. Em julho de 2011,

Os EUA precisaram colocar um teto na dívida. Entretanto as lutas políticas entre os republicanos e os democratas quase os fizeram perder a data limite para acertar o teto.consequentemente os mercados de ações despencou no mundo inteiro. Embora ninguém espere que a América pague sua colossal dívida, que agora excede os 100% de seu GDP,[17] que passou da marca de 15 trilhões de dólares,[18] todos ainda aguardavam ansiosamente que a América resolvesse sua disputa política para que o mundo pudesse continuar trabalhando. Afinal, se a América desse o calote em sua dívida, milhões de trabalhadores em todo o mundo seriam despedidos de seus trabalhos em questão de dias.

Prof Tim Jackson, comissário de economia na Comissão do governo do Reino Unido para o Desenvolvimento Sustentável, disse sobre a globalização: "É uma história sobre nós, as pessoas, sendo persuadidas a gastar o
dinheiro que não se tem em coisas que não precisamos, para criar impressões que não duram, em pessoas que não se preocupam "[19.]

A crise da zona do euro, onde a Alemanha e França estão tendo que pagar as operações de salvamento e programas de resgate dos países do PIIGS (Portugal, Irlanda, Itália, Grécia e Espanha), é outro exemplo da interdependência econômica. Embora possa parecer injusto que os cidadãos alemães tenham que pagar para a Grécia o passado desperdício, na verdade,onde os gregos estavam gastando seu dinheiro era em produtos alemães , o que manteve trabalhadores alemães empregados e pagando impostos. Portanto, há uma barganha de duas vias aqui, com os gregos ajudando a

Alemanha a manter sua força econômica em troca da Alemanha socorrer os gregos quando eles estão quebrados. Interdependência no trabalho!

No passado, o mundo era um agregado de partes isoladas, mas como a rede de conexões globais ficou mais forte, nos encontramos em um novo mundo, volátil imprevisível. O renomado sociólogo Anthony Giddens manifestou perplexidade sucintamente ainda que com precisão: "Para melhor ou pior, estamos sendo empurrados para uma ordem global, que ninguém compreende, mas que está fazendo sentir os seus efeitos sobre todos nós."[20]

Sem planejar, passamos da forma independente de remar nossos barcos pessoais no mar da vida para estarmos todos no mesmo barco, como Christine Lagarde apontou no texto acima citado. E porque agora estamos todos no mesmo barco, claramente somos todos dependentes uns dos outros. Isto significa que a menos que todos nós concordemos sobre a direção em que desejamos a velejar, não seremos capazes de avançar em qualquer direção, como demonstrado pela desaceleração global. Imagine o que acontece quando milhares de pessoas giram em direções inumeráveis, ao mesmo tempo. O resultado óbvio é que estamos presos em paralisia, que é o estado atual do mundo.
Para entender melhor o que esta paralisia, pense em um casal tendo um colapso em seu casamento. Quando estão no pico da crise, eles estão tão ressentidos um com o outro que não podem tolerar, viver lado a lado. Enquanto eles ainda estão vivendo na mesma casa, eles mal podem esperar o momento de se separarem. Neste estado tenso,

as paredes parecem pressionar os dois para perto, mas ao mesmo tempo, sua repulsão pressiona para que se afastem
Como este casal, estamos ressentidos em relação a todos. Mas diferentemente deste casal não podemos sair porque não existe outra Terra para morarmos.

> "Porque a interdependência expõe todos ao redor do mundo de uma forma sem precedentes, que regem os riscos globais tornou-se o grande desafio da humanidade. Pense da mudança climática, os riscos da energia nuclear...; ameaças terroristas...; os efeitos colaterais da instabilidade política, as repercussões econômicas das crises financeiras; epidemias e surtos de pânico incentivados pela mídia como a crise do pepino na Europa. Todos esses fenômenos fazem parte do lado escuro do mundo globalizado: a contaminação, o contágio, a instabilidade, a interligação, a turbulência fragilidade, compartilhada ... Interdependência é, de fato, mútua dependência de uma exposição a riscos compartilhados. Nada é completamente isolado, e "política externa" não existe mais ... Os problemas dos outros, agora são nossos problemas, e não podemos mais olhar para eles com indiferença, ou a esperança de colher algum ganho pessoal com eles. "
>
> Javier Solana, Ex- Secretário Geral da OTAN[21]

Para lidar com a realidade moderna, temos que prestar atenção à natureza, global e conectada do mundo, que aparece diante de nós. E aqui é onde a ciência vem em nosso auxílio. Sistemas conectados não são novos, toda a Natureza é constituída por estes sistemas. O corpo de um ser humano, comparação que será usada com frequência neste livro é um grande exemplo de um sistema conectado. Todos os órgãos do corpo estão ligados e trabalham em sincronia e reciprocidade. Cada célula e órgão do corpo "sabem" o seu papel e a realiza, beneficiando assim o organismo como um todo: o coração bombeia sangue para o resto do corpo, os pulmões absorvem oxigênio para o resto do corpo e do fígado filtra o sangue para o resto do corpo.

Ao mesmo tempo, cada órgão do nosso corpo é também um consumidor, que recebe do corpo tudo que necessita para a sua subsistência. E ainda, o propósito da existência de cada órgão não é auto-centrada, ou seja, para o benefício do órgão, mas centrada no organismo, o que significa: existir para o benefício de todo o organismo. Os órgãos existem como partes de um coletivo que em conjunto formam uma unidade única e completa. Sem o contexto dessa unidade, não seríamos capazes de compreender plenamente a função ou finalidade de cada órgão. Os nutrientes que cada órgão recebe do corpo permite que ele funcione e perceba o propósito de sua existência, o seu papel único em relação ao resto do organismo, e realize seu pleno potencial por "compartilhar" seu produto com todo o organismo. Esta é a condição primordial da vida em comunidade.

Quando um dos sistemas do organismo não cumpre a sua função, o organismo se deteriora em um estado chamado de "doença". Se o estado de doença é prolongado ou agudo, pode levar ao colapso de todo o sistema e a morte do organismo.

A sociedade humana global e as mudanças que ocorreram no mundo ao longo das últimas décadas indicam que a humanidade está se tornando um sistema integrado e interligado, como os sistemas na Natureza. Portanto, as leis que definem as conexões mútuas entre os elementos da natureza, agora, aplicam-se à sociedade humana também.

> "O século 21, ao contrário do período após o Congresso de Viena, não é mais um jogo de soma zero de vencedores e perdedores. Pelo contrário, é um século de múltiplos nós enredados Quanto melhor estes nós estiverem conectados uns com os outros, mais ressoarão com os melhores ideais e princípios."
> Professor Dr. Ludger Kunhardt,
> Diretor do Centro Europeu de Estudos de
> Integração [22]

Até recentemente, nós sentimos que cada um de nós era mais ou menos uma unidade independente. Nós construímos uma sociedade que permitiu a todos ter sucesso por conta própria, mesmo quando muitas vezes tal sucesso tenha vindo à custa de outros.

Mas a rede de conexões que está agora em desenvolvimento nos diz que esta abordagem não pode mais funcionar. A velha maneira se esgotou, e agora está sendo atualizada. Para continuar a avançar, devemos trabalhar com a nova funcionalidade que tem se alastrado de acordo com a globalização. E para fazer isso, é preciso conectar-se um ao outro e trabalhar juntos.

Já existem diversos especialistas em vários campos que explicam que o velho mundo está desmoronando diante de nossos olhos, porque se baseia em uma abordagem auto-centrada cujo tempo já passou. O novo mundo exige que construamos todos os sistemas e processos com base em uma nova abordagem de colaboração e de responsabilidade mútua, onde todos são responsáveis pelo bem- estar dos outros. Nos próximos anos, teremos todos que aprender a trabalhar juntos para garantir a nossa sobrevivência. Cada pessoa, cada sociedade, cada nação, e cada estado vai ter que aprender a trabalhar juntos.

"O verdadeiro desafio de hoje é mudar nossa maneira de pensar e não apenas nossos sistemas, instituições ou políticas". Precisamos da imaginação para captar a promessa e imenso desafio do mundo interconectado que criamos... O futuro está com mais globalização, não menos, mais cooperação, mais interação entre povos e culturas, e compartilhamento ainda maior de responsabilidades e interesses. "É a união em nossa diversidade global que precisamos hoje".

Pascal Lamy, diretor-geral da
Organização Mundial do Comércio
(OMC) [23]

A solução para nossa crise atual depende em primeiro lugar de mudar a nós mesmos e ajustar-nos à nova realidade. Por esta razão, em todo o mundo as pessoas estão começando a mudar seu comportamento, elas estão começando a perceber que seus governos não estão funcionando corretamente e não podem fornecer soluções para seus problemas. Muitos sentem a necessidade de ir para a rua e se reunirem com outros que pensam da mesma forma.

Elas mencionam muitas razões para tais reuniões, dependendo do país.

No mundo árabe, são protestos pela democracia e liberdade de expressão. Na Europa, exigem soluções para os problemas de desemprego e medidas de austeridade, e na América apenas 1% são ricos contra 99% que não são.

Uma vez que as pessoas se reúnem em protesto, estão cientes de um novo senso de empoderamento. Você pode senti-lo em cidades de tendas em toda a Europa, no "Movimento Occupy" nos EUA, e até mesmo no Egito, onde as pessoas continuamente tomam as ruas, porque sentem que, juntas têm o poder para conseguir o que querem. Mesmo quando não conseguem verbalizar o que querem, como nos primeiros dias do Movimento Occupy, é claro que as pessoas desfrutam da experiência de uma verdadeira democracia, onde todas as decisões são feitas em espírito de grupo, em vez de lobby e manobras políticas.

A união dos manifestantes se alinha com as novas leis do mundo globalizado. Esta congruência acrescenta poder aos protestos, poder, que os governos não podem ignorar. No entanto, para os protestos terem sucesso, devem permanecer em harmonia com a lei da globalização. Qualquer solução que favoreça um setor ou facção sobre outro é tão auto-centrado como o sistema atual e, portanto, fadado ao fracasso.

Hoje, qualquer grupo de pressão que se beneficie apenas à custa dos outros só vai intensificar a luta pelo poder que já existe, e vai acelerar o declinio da sociedade e da economia do país. O novo Estado do mundo exige que todos nós, de cidadãos comuns aos tomadores de decisão, resolvamos nossos problemas através de deliberação, consideração e de responsabilidade mútua.

"O nosso bem-estar está intrinsecamente entrelaçado com o de estranhos de todo o mundo... Em algum momento, nós vamos ter que ir além de lutar e nos adaptarmos à nossa interconexão. Como Clinton disse, "Descobrimos o aumento da nossa interdependência"... nos saímos melhor quando as outras pessoas se saem melhor também, então temos que encontrar formas para que todos nós possamos ganhar."

Gregory Rodriguez, diretor fundador do Centro para a
Coesão Social da Universidade do Estado do Arizona [24]

O novo mundo exige que revolucionemos as nossas relações, não pela força, mas em nossos corações. Isso deve acontecer dentro de cada um de nós. Nos capítulos 3 e 4, vamos discutir os meios à nossa disposição para ter sucesso nesta revolução. Por enquanto, vamos apenas dizer que o propósito desta revolução em nossa percepção é a de expandir a nossa consciência do "eu" para "nós", para que saiamos de nossos cubos estreitos para uma esfera grande e comum.

Não há dúvida de que estamos vivendo um momento especial. A responsabilidade mútua entre nós apresenta-se como a lei da vida em nosso mundo conectado. No próximo capítulo, vamos ver que não apenas todos os seres humanos são conectados, mas que nós e toda a natureza formamos uma unidade.

Eu perguntei ao Dalai Lama qual é a
chave para a paz? "Ele disse, 'pense em
nós, não em para mim ou eu."

Kenro Izu, fundador dos Amgos Sem Fronteiras[25]

A Natureza e
Nós

"Um ser humano é parte de um todo chamado por nós de 'universo'... Experimentamos a nós mesmos, nossos pensamentos e sentimentos como algo separado do resto, uma espécie de ilusão de ótica da consciência".

Albert Einstein, em carta
datada de 1950[26]

Vamos dar uma pequena pausa da agitação da vida na era pós-moderna, onde o benefício próprio é infligido e ver de onde o conceito de responsabilidade mútua vem. Bem no coração do vasto universo encontra-se uma galáxia espiral sem nenhuma distinção particular. Dentro dela há uma estrela que tem aparência comum com planetas e asteroides que a rodeiam, como inúmeras outras estrelas no universo. Mas no terceiro planeta distante desta estrela há um fenômeno que não existe em outros planetas, talvez em nenhum, embora o universo seja grande demais para se saber com certeza. Esse fenômeno é chamado de "vida".

A vida é um fenômeno peculiar aí, é dinâmica e em constante mudança. No entanto, isso não se altera de forma aleatória, mas sim de uma forma muito clara,do simples ao complexo, da separação para a integração. Logo após o "Big Bang ", o universo era dominado pela radiação", explica uma publicação do MIT Haystack Observatory.[27] "Em seguida, os quarks se combinaram para formar bárions (prótons e nêutrons). Quando o universo tinha de três minutos de idade, tinha esfriado o suficiente para que estes prótons e nêutrons se combinassem em núcleos ".

O processo de integração e crescente complexidade continuou, formando galáxias, estrelas e planetas. Em pelo menos um desses planetas, o processo continua para além do nível mineral e chegando ao nível orgânico, também conhecido como "vida". Isto se tornou possível quando os materiais orgânicos se combinaram de forma que obtiveram uma qualidade única de autorreplicação. Como continuaram a se fundir em sincronia com o curso da evolução, cresceram ainda mais sofisticados, aprenderam tarefas especializadas beneficiando toda a congregação de células (ou moléculas dentro de uma célula). Eles confiaram no resto dos elementos do grupo para prover suas necessidades, enquanto continuaram fornecendo suas funções originais para os outros. Estes foram os primeiros exemplos que a natureza deu de responsabilidade mútua, e os princípios que se aplicam a essas colônias e células de bilhões de anos atrás ainda hoje se aplicam a todos os seres vivos. Depois de cerca de quatro bilhões de anos, a raça humana apareceu na terra. Os seres humanos, ao contrário do resto da Natureza, sentiram que eram distintos e separados dos outros aspectos da Natureza. Nós sentimos que somos superiores, não fazemos parte de todo um sistema, mas que estamos acima dele. O traço que a humanidade tem de fato introduzido no sistema da natureza é o sentido de benefício próprio Todos os outros animais, plantas e minerais executam suas tarefas nos ditames da natureza, através de instintos e comportamentos adquiridos. Nós, por outro lado, temos a liberdade de escolha para trabalhar para os nossos próprios interesses, ou para aqueles de outras pessoas em nossa sociedade.

Se olharmos para a natureza, veremos que, na verdade, a escolha da responsabilidade mútua e preferindo o interesse da sociedade sobre interesses pessoais são mais benéficos para o indivíduo. Como explicamos em relação ao corpo no capítulo anterior, nenhum organismo poderia existir se suas células operassem apenas para si mesmas. Da mesma forma, nenhum ser humano poderia existir se todos nós tivéssemos que trabalhar para nós mesmos. Imagine os sete bilhões de pessoas na terra cultivando a terra apenas para si, cavando poços e bombeando água apenas para si mesmo, e caçando para alimentação e vestuário apenas para si. Assim, é o interesse pessoal que nos faz trabalhar juntos, mas há algo dentro de nós que nos impele a trabalhar para nós mesmos, sem nos darmos conta de nossa interdependência real. Voltando ao exemplo do corpo humano, o biólogo evolucionista Elisabet Sahtouris eloquentemente explicou o conceito de interdependência entre os egocêntricos elementos em uma apresentação que ela fez em uma conferência em Tóquio, em novembro de 2005: "Em seu corpo, cada molécula, cada célula, cada órgão... tem interesse próprio. Quando todos os níveis... mostram seu interesse próprio, forçam negociações entre os níveis. Este é o segredo da Natureza. Cada momento em seu corpo, estas negociações conduzem o seu sistema para a harmonia".

Se pudéssemos ver que a evolução continua até hoje e não parando quando o Homo sapiens surgiu, nos daremos conta de que a direção do simples ao complexo, da separação para a integração continua sendo o curso da natureza. A única diferença de tempos anteriores é que a espécie humana não é forçada a integrar, mas deve escolher a integração ao invés da separação. Se isso acontecer, uma vida de harmonia, prosperidade, equilíbrio se seguirá.

Acontece que o processo pelo qual o mundo se tornou uma aldeia global não é um incidente único, mas uma extensão natural dos quase 14 bilhões de anos de evolução, desde o Big Bang. A crise que a humanidade está vivendo hoje não é o colapso da civilização, mas o surgimento de uma nova etapa na qual a humanidade, também, torna-se uma entidade única, consciente de sua inter-relação e trabalha em harmonia com ela. Quando atingirmos essa consciência, seremos como um organismo único, em que cada órgão trabalha para beneficiar o todo, enquanto o resto do organismo fornece o que cada órgão necessita.

Complementaridade e Reciprocidade

"Unidade e complementaridade constituem a realidade"[28]

Werner Heisenberg, físico que formulou o princípio da Incerteza.

Um exame mais profundo da Natureza revela o profundo vínculo que a sustenta. Cada elemento complementa outros elementos e os serve, tal como demonstrado pela cadeia alimentar: Plantas se alimentam de minerais, os herbívoros se alimentam de plantas, e carnívoros se alimentam de herbívoros. Esta cadeia contém inúmeras sub-redes que, juntas, formam a cadeia alimentar. Na cadeia alimentar, cada elemento afeta todos os outros elementos, e qualquer alteração em um deles afetará todos os outros elementos da cadeia.

Estudando, a Natureza revela que cada elemento que desempenha a sua função permite que ecossistemas mantenham o equilíbrio entre os diferentes elementos do sistema, mantendo-o saudável. Um relatório que chama muito a atenção, submetido ao Departamento de Educação dos EUA, em outubro de 2003 por Irene Sanders e McCabe Judith, PhD, demonstra claramente o que acontece quando o equilíbrio da natureza é quebrado. Em 1991, uma orca, a baleia assassina, foi vista comendo uma lontra marinha. Orcas e lontras normalmente coexistem pacificamente. Então o que aconteceu? Ecologistas descobriram que o poleiro oceano e o arenque também estavam diminuindo. As orcas não comem os peixes, mas focas e leões marinhos comem. E focas e leões marinhos são o que as orcas costumam comer, e sua população também diminuiu. Assim, privadas de suas focas e leões marinhos, as orcas começaram a atacar as lontras para garantir seu jantar.

"Então, as lontras desapareceram porque para começar, o peixe, que nunca comeram, tinha desaparecido. Agora, a onda se espalha. Lontras não estão mais lá para comer ouriços do mar, por isso a população de ouriços do mar aumentou enormemente. Mas ouriços vivem nas florestas de algas do fundo do mar, de modo que eles estão matando as algas. Kelp tem sido o lar de peixes que alimentam gaivotas e águias. Como as orcas, as gaivotas podem encontrar outro alimento, mas as águias não podem e elas estão em apuros.

"Tudo isso começou com o declínio do poleiro oceano e do arenque. Por quê? Bem, os baleeiros japoneses foram matar a variedade de baleias que comem os mesmos organismos microscópicos que se alimentam o pollock [um tipo de peixes carnívoros]. Com mais peixes para comer, o poollock floresce. Eles, por sua vez atacam o poleiro e o arenque que eram alimento para as focas e leões marinhos. Com o declínio da população de leões-marinhos e focas, as orcas devem se voltar para as lontras. "

Natureza e Ecologia

Como vimos, a natureza consiste de conexões recíprocas que criam equilíbrio, coerência e harmonia. Mas os seres humanos não funcionam dessa maneira recíproca, nem entre si, nem entre si e a Natureza. Portanto, uma vez que os seres humanos são uma parte da natureza, a falta de congruência com ele e entre si joga todo o sistema para fora do equilíbrio, como no exemplo anterior das orcas. Enquanto toda a Natureza segue o princípio da responsabilidade mútua: dê o que você pode e receba o que você precisa, os humanos funcionam ao contrário: tome o que você puder e dê o que você é obrigado.

Nós, seres humanos exploramos uns aos outros, e todos nós como humanidade exploramos a Natureza. Na verdade, temos quase esgotado nosso planeta de seus recursos.

> "Nossas pegadas ecológicas já estão usando os recursos renováveis de 1,4 do planeta Terra, e provavelmente vamos usar a de dois planetas Terra por volta de 2050". Em outras palavras, estamos vivendo de forma insustentável e esgotando o capital natural da Terra. "Ninguém sabe quanto tempo podemos continuar neste caminho, mas os alarmes ambientais estão desligando".
>
> G. Tyler Miller, Scott Spoolman,
> Viver no Meio Ambiente: Princípios, Conexões e Soluções [29]

Os seres humanos tornaram-se como um tumor cancerígeno na Natureza. A humanidade está sugando tudo para si, independentemente do ambiente. Mas, assim como o câncer morre junto com o organismo que põe à morte, acontecerá o mesmo com a humanidade se não se transformar em um órgão saudável no organismo da Natureza.

Para entender por que a humanidade está se comportando desta maneira irresponsável, irracional, temos que olhar mais atentamente para a natureza humana. Como Sahtouris biólogo explicou na citação acima mencionada, "Cada molécula, cada célula, cada órgão... tem interesse próprio." No entanto, o interesse próprio não significa que a humanidade deve ser alheia ao fato de que a manutenção do bem-estar do organismo, que é a humanidade está no interesse próprio de cada um de nós.

O que esconde este fato de nós é o nosso senso de direito, ou "narcisismo". Os psicólogos Jean M. Twenge e Keith Campbell descrevem nossa sociedade como "cada vez mais narcisista."[30] A Epidemia do Narcisismo: Viver na Idade de Direito, Twenge e Campbell falam sobre "O aumento incessante do narcisismo em nossa cultura'"[31] e os problemas que causa. Os Estados Unidos estão atualmente sofrendo de uma epidemia de narcisismo. Os traços de personalidade narcisista... subiram tão rápido quanto a obesidade ", explicam eles. "Pior ainda", continuam, "o aumento do narcisismo está se acelerando, com pontuação subindo mais rápido na década de 2000 do que em décadas anteriores. Em 2006, 1 em cada 4 estudantes universitários concordaram com a maioria dos itens em uma medida padrão de traços narcisistas. Hoje, como cantor Little Jackie coloca, e muitas pessoas sentem que: "Sim, senhor, todo o mundo deve girar em torno de mim."[32]

No dicionário Webster, o narcisismo é definido como "egoísmo," e isso, para ser franco, significa que nos tornamos insuportavelmente egoístas.

O nosso egoísmo exagerado nos levou a desenvolver uma cultura de consumismo, o que implica na produção agressiva, marketing e consumo de bens e serviços não porque eles realmente melhoram nossas vidas, mas porque podemos mostrá-las. Nós compramos porque outros compram, porque não queremos ficar para trás.

O consumismo causou toda a indústria acelerar a sua produção, resultando em uma série de redundâncias produzidas em uma taxa alarmante. Estes estão agora poluindo o planeta e esgotando seus recursos apenas para atender a busca incessante de riqueza e status social. Mas há um limite para tudo, e temos quase alcançado o fim de nossa corda.

Após a 2011, o relatório da Agência Internacional de Energia (AIE), Energy Outlook 2011, Fatih Birol, economista-chefe da agência disse a Fiona Harvey, do The Guardian, "A porta está se fechando. Estou muito preocupado - se nós não mudarmos de direção agora de como usamos a energia, acabaremos além, o que os cientistas nos dizem é o mínimo [por segurança]. A porta será fechada para sempre." [33]

Da mesma forma, um resumo de relatórios da Universidade de Yale, "Um projeto de relatório do Painel Intergovernamental sobre Mudanças Climáticas (IPCC) afirma que há uma probabilidade de 2-em-3 que a mudança climática causada pelo homem já esteja levando a um aumento de eventos climáticos extremos". O resumo ... diz que o clima cada vez mais selvagem ... levará a um número crescente em vidas perdidas e danos à propriedades, e vai tornar alguns locais "cada vez mais marginais como lugares para se viver." O relatório diz que os cientistas estão "praticamente certos" de que o aquecimento contínuo fará com que não apenas haja um aumento nas ondas de calor extremo e seca em algumas regiões, mas também vai gerar chuvas mais intensas que levarão a graves inundações. [34]

A falta de preocupação da humanidade com o meio ambiente tem sido desastrosa para as nossas necessidades mais vitais, nossas fontes de alimento e água. Já, de acordo com o World Wildlife Fund (WWF), "Pesca em demasia... populações de peixes são devastadas. Mais de 75 por cento da pesca já está totalmente explorada ou super explorada." [35]

Além disso, Ian Sample, do The Guardian escreve: "Cerca de 40% das terras agrícolas do mundo estão seriamente degradadas. A Avaliação Ecossistêmica do Milênio das Nações Unidas classificou a degradação da terra entre os maiores desafios ambientais do mundo, alegando que colocou em risco a estabilidade das sociedades colocando em risco a segurança alimentar e aumentando a pobreza."[36]

Mas os fatos sobre a água, a substância mais essencial para vida, são os mais alarmantes. Uma publicação oficial do Fundo das Nações Unidas para a Infância (UNICEF) detalha o mal e perigo de beber água contaminada: "Quase 50 por cento do mundo em desenvolvimento, uma população de 2,5 bilhões de pessoas carecem de instalações de saneamento adequadas, e mais de 884 milhões de pessoas ainda usam fontes inseguras de água potável. O acesso inadequado aos serviços de água potável e saneamento, juntamente com as práticas de higiene, mata e faz adoecer milhares de crianças todos os dias, e leva ao empobrecimento e diminuição oportunidades de milhares de pessoas. Falta de saneamento, água e higiene têm muitas outras graves repercussões. Crianças e especialmente as meninas tem o direito negado à educação porque as escolas não têm... instalações sanitárias decentes. As mulheres são obrigadas a gastar grande parte de seu dia procurando água. Agricultores pobres e assalariados são menos produtivos devido à doenças, os sistemas de saúde estão sobrecarregados, e as economias nacionais sofrem. Sem ASH (água, saneamento e higiene), o desenvolvimento sustentável é impossível. "[37]

"Uma vez que é a destruição dos suportes naturais
da economia e as perturbações no sistema
climático estão levando o mundo para o extremo,
estas são as tendências que devem ser invertidas.
Para fazer isso se requer medidas
extraordinariamente exigentes, uma mudança
rápida longe dos negócios como de costume".

"Como a terra e a água se torna escassa, como a temperatura da Terra aumenta, e como a segurança alimentar mundial se deteriora, uma geopolítica perigosa de escassez de alimentos está surgindo."

Lester R. Brown, analista ambiental, fundador e presidente do Earth Policy Institute, e autor do livro O Mundo na Beira do Abismo: Como Prevenir o colapso Ambiental e Econômico [38]

Em 6 de maio de 2011, Matthew Lee, da Associated Press, relatou: "A ex-secretária de Estado dos EUA, Hillary Rodham Clinton, advertiu que a escassez mundial de alimentos e os preços crescentes ameaçam a desestabilização generalizada e está pedindo ação imediata para evitar a repetição da crise de 2007 e de 2008 que levou a manifestações em dezenas de países ao redor do mundo em desenvolvimento. ...A ONU estima que 44 milhões de pessoas foram empurradas para a pobreza desde junho passado por causa dos preços dos alimentos, o que pode levar a escassez de e agitação. Clinton disse que o mundo não podia mais "repetindo os mesmos erros quanto ao fornecimento de ajuda de emergência para manter o Band-Aid funcionando'".[39]

Infelizmente, uma semana depois, chegou o relatório desanimador: "O mundo consome 30% de todos os alimentos."[40] De acordo com o relatório, "30% de todos os alimentos produzidos no mundo a cada ano são desperdiçados ou perdidos. Isso é cerca de 1,3 bilhões de toneladas, de acordo com um novo relatório da ONU para a Alimentação e Agricultura. ...seria como se cada pessoa na China, o país mais populoso do mundo, com mais de 1,3 bilhão de pessoas, tenha uma massa de uma tonelada de alimentos que só serviria para jogar na lata de lixo. ...Desmembrando o grande número, encontramos que as pessoas com mais dinheiro são as que desperdiçam mais. ...E estes números chegam, como acabamos de noticiar, sobre a alta nos preços dos alimentos em todo o mundo na semana passada". "A grande mudança de mentalidade é necessária", concluiu o repórter da CNN Ramy Inocencio.

Na verdade, precisamos mudar a nossa mentalidade para a responsabilidade mútua. Com essa mentalidade, não haverá comida sendo jogada no lixo quando há pessoas no mundo que vão dormir com fome. Em uma sociedade de responsabilidade mútua, isso equivaleria a deixar sua própria família morrer de fome enquanto você se empanturra e chega à obesidade.

Michel Camdessus, ex-diretor do Fundo Monetário Internacional (FMI) por 13 anos, explica a ligação entre o estado da economia, o estado do meio ambiente, e a falta de responsabilidade mútua, que ele vê como sendo a origem de ambas as crises. "O que tem ocorrido é um tipo de problema ético global. Por anos e anos, temos permitido que todos os avisos sonoros... para os agentes financeiros para moderarem seus apetites financeiros, para se preocuparem com a comunidade, para se preocuparem com os seus vizinhos mas, todos esses princípios foram esquecidos. Precisamos restabelecer um tipo de sistema, ético global, que está faltando. ...Ambos [crise financeira e ambiental] encontram suas origens na super exploração dos recursos naturais ou dos mecanismos econômicos. Tudo isso significa que todos nós devemos repensar nossos próprios modelos de concepção , todos nós devemos ser mais conscientes de que nos próximos anos vamos ter mais responsabilidades."[41]

No entanto, apesar dos evidentes limites dos recursos da Terra e da crescente evidência dos danos que causamos, nós mantemos a Mãe Terra "na ordenha", desnecessariamente poluindo o ar, água e solo, deixando um planeta para nossos filhos que não irá lhes proporcionar nem comida, nem energia.

Em relação à nossa destruição continuada destas fontes de energia limitadas, Steve Connor do The Independent entrevistou Fatih Birol, economista-chefe da AIE. De acordo com Connor, "Dr. Birol disse que público e muitos governos parecem ser indiferentes ao fato de que o óleo, do qual a civilização moderna depende se esgotará muito mais rápido do que o previsto e que a produção mundial chegará em seu ápice em cerca de 10 anos,ou seja, pelo menos dez anos mais cedo do que a maioria dos governos havia estimado. "[42]

Reestabelecendo o Equilíbrio
"Até agora, o homem foi contra a Natureza,
a partir de agora, ele vai ser até contra sua
própria natureza."[43]

Dennis Gabor, inventor da holografia, ganhador do
prêmio Nobel de Física em 1971.

Equilíbrio é o nome do jogo na Natureza. É o estado que a natureza aspira trazer todos os seus elementos. A única razão pela qual qualquer substância ou objeto se mova ou mude é a sua "aspiração" para restaurar o equilíbrio. Esta aspiração cria fenômenos como vento, propagação de calor em áreas mais frias, o fluxo de água em direção a terrenos mais baixos, e muitos outros fenômenos. Em organismos vivos, um estado de equilíbrio é chamado de "homeostase" (do grego), hómoios, "similar."

e estase, "parado"). O dicionário Webster define a homeostase como "um estado relativamente estável de equilíbrio ou uma tendência para tal estado entre os diferentes elementos, mas interdependentes ou grupos de elementos de um organismo, população ou grupo."

Nós, como partes diferentes, mas interdependentes da natureza, estamos sujeitos à lei de equilíbrio, ou "homeostase", em nossos corpos, assim como em toda a nossa população, como definido pelo dicionário Webster. Isto é, a humanidade não é uma entidade distinta, mas uma parte integrante da Natureza. Por esta razão, estamos sujeitos a todas as leis da natureza em nossos corpos e em nossas sociedades.

No nível humano, "estar na homeostase" significa expandir nossa consciência do egocentrismo para a centralidade social e até mesmo para a centralidade global. Precisamos aumentar a nossa consideração pelos outros e pelo nosso ambiente, os quais são partes do sistema que nos inclui. Os exemplos apresentados acima ilustram algumas das consequências que podem sofrer se escolhermos permanecer alheios à nossa interconexão com os outros e com a natureza.

As Dores do Trabalho

"Temos o desafio de elevar-nos acima dos limites estreitos de nossas preocupações individualistas e termos preocupações mais amplas com toda a humanidade. O novo mundo é um mundo de união geográfica. Isto significa que nenhum indivíduo ou nação pode viver só. Temos que aprender a viver juntos, ou seremos forçados a morrer juntos."

Martin Luther King, Jr.[44]

Agora que o egoísmo humano é uma ameaça à nossa existência, somos confrontados com duas opções. Nós podemos ficar de braços cruzados, deixar que natureza siga o seu curso, e esperar que os problemas batam em nossa porta, antes sequer de pensarmos em como lidar com eles. Ou, podemos agir e assumir a responsabilidade pelo nosso futuro. Hoje a raça humana ainda pode avançar em direção ao equilíbrio e harmonia com a natureza, e para a prosperidade sustentável. Tudo o que precisamos é implementar a abordagem da responsabilidade mútua, tornando-nos sincronizados com a Natureza.

Ao fazer isso, a sociedade que vamos construir será sustentável, próspera, segura e pacífica, uma vez que dificilmente haverá guerra entre aqueles que garantem uns aos outros o bem-estar.

O próximo capítulo irá discutir as medidas práticas que podemos tomar para estabelecer este tipo de civilização.

O Modo Prático

"O grande projeto do século 21 - compreender como a toda a humanidade vem a se tornar maior que a soma de suas partes, está apenas começando. Como uma criança acordando, o superorganismo humano está se tornando consciente, e isso certamente irá nos ajudar a alcançar nossos objetivos."

N. Christakis & J. Fowler, *Connected: O Poder Surpreendente de Nossas Redes Sociais*[45]

Nos capítulos anteriores foram descritas as conexões que ligam o mundo inteiro em uma única rede.Percebemos que esta rede é uma criação natural da evolução, que se move a partir do simples ao complexo, da separação para a integração. Essa conexão também determina que a responsabilidade mútua é a fórmula pela qual toda a vida se sustenta, e que, se a humanidade deseja ser sustentável, é preciso que aplique este modus operandi para nós mesmos.

A única questão que permanece é como devemos fazer isso. Na verdade, como é que um indivíduo, ou uma sociedade, muda de uma mentalidade de cuidar de si mesmo para cuidar de tudo? Dito de outro modo: Como é que vamos mudar de modo "eu" para o modo "nós"? Além disso, a transformação não tem que ser aleatória, mas tornar-se uma mudança duradoura da tendência auto-centrada, que Twenge Campbell anteriormente, A *Epidemia do Narcisismo*.

A maneira que nós podemos conseguir isso é mudando nossos valores sociais. Se olharmos em profundidade as razões para o nosso comportamento, vamos descobrir que muitas vezes agimos de determinadas maneiras para ganhar aprovação social daqueles que nos rodeiam. Sendo apreciado por aqueles em nosso meio social dá-nos confiança e alto astral, enquanto a falta dela causa dores em nós, fazendo-nos inseguros e nos envergonhando de quem somos. Por esta razão, conscientemente ou não, temos a tendência aceitar os códigos da sociedade, seu comportamento e seus valores.

Maria Konnikova, o escritora eloquente e psicóloga, escreveu sobre a nossa necessidade de estar de acordo com os códigos da sociedade em seu blog no Scientific American: "Nós tendemos a comportar-nos de forma bastante diferente quando esperamos ser observados do que quando não esperamos e respondemos de acordo com os costumes sociais e as normas sociais. ...Quando decidimos fazer algo, deveríamos nos importar se alguém está ou não nos observando? Embora teoricamente seja fácil argumentar que não devemos, que as mesmas normas de comportamento se aplicam não importa como, na prática, faz diferença sim. Isso vale para comportamentos menores (Você vai cutucar o seu nariz em público? E se você tem certeza que ninguém está lhe observando?), bem como existem outras muito mais importantes (Vai machucar alguém, seja fisicamente ou não, se os outros estão observando sua interação? Que tal se você estiver certo de que o delito ficará apenas entre vocês dois?) ".[46]

Portanto, assim que alterarmos os valores da nossa sociedade, de modo que a responsabilidade mútua e carinho um pelo outro esteja no nível superior, vamos mudar nossos valores em conformidade. Quando a sociedade valoriza as pessoas de acordo com sua contribuição para a sociedade, as pessoas também querem contribuir para a sociedade, para que elas, também, podem ser apreciadas. Se o respeito e o status social que são dados por excelência na em engenharia financeira, cujas consequências ainda estamos lutando contra, fossem dados a pessoas que melhorassem o bem-estar da sociedade, seja financeiramente ou em outras formas de valor, então todos começariam a contribuir para a sociedade de forma construtiva.

Mudando o Discurso Público

O impacto da opinião pública foi poderosamente demonstrado durante grande parte de 2011 através da inquietação mundial desencadeada primeiramente no mundo árabe e na Europa, e depois em todo o mundo, alimentada pela mídia social e depois pelas mídias oficiais e tradicionais. Se você olhar o conceito de 1% contra os 99%, você vai encontrar quase nenhuma menção de que antes do movimento Ocuppy Wall Street (OWS) começou seu protesto em 17 de setembro de 2011.

Outro reconhecimento do poder do discurso social e da opinião pública para melhorar a sociedade veio em uma declaração escrita pelo Banco Mundial, intitulado "O Poder do discurso público": "O conceito de desenvolvimento aberto [concessão oportunidades comerciais iguais para todos] pressupõe uma oferta muito maior de informações disponíveis aos cidadãos. ...O objetivo de tudo isso [desenvolvimento aberto] é criar uma mudança na relação de poder das instituições e governos, cuja responsabilidade é a prestação de serviços e melhora da vida, às pessoas a quem esses serviços são supostamente beneficiam. Esse poder pode ser efetivamente exercido por pequenos grupos de cidadãos que trabalham em conjunto para identificar e enfrentar os políticos ou prestadores de serviços que não a realizam os serviços para os quais o dinheiro está disponível. Porque a corrupção e política ou interesse próprio são fortemente entrincheirados, o desenvolvimento mais aberto é improvável que tenha os efeitos desejados, a menos que vários pessoas públicas possam, coletivamente e de forma pacífica, exercer uma influência pública."[47]

A eficácia da influência do ambiente foi cientificamente provada décadas atrás. Em 1951, um dos estudos mais conhecidos sobre o assunto foi conduzido pelo psicólogo Solomon Asch Eliot. Esse estudo ficou conhecido como o Experimento da Conformidade de Asch. Usando a tarefa de julgamento em linha, Asch colocou um participante ingênuo em uma sala com sete cúmplices. Os aliados haviam concordado com antecedência o que suas respostas seriam, quando apresentados com a linha de tarefa. O participante real não sabia disso e foi levado a acreditar que os outros sete participantes eram também participantes reais.

Cada pessoa na sala teve de dizer em voz alta qual linha de comparação (A, B, or C) era mais parecida com a linha destino. A resposta era sempre óbvia. O real participante sentou-se no fim da fila e deu suas respostas por último.

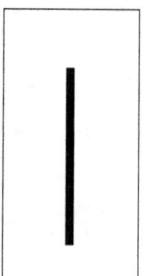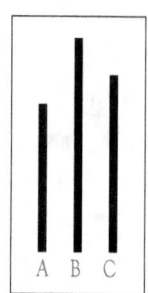

Eram 18 testes no total e os participantes falsos deram respostas erradas em 12 deles.

Resultados: Em média, cerca de um terço (32%) dos participantes que foram colocados nesta situação agiram em conformidade com a maioria claramente incorreta. Ao longo dos 18 testes , cerca de 75% dos participantes ficaram em conformidade pelo menos uma vez e 25% dos participantes nunca ficaram em conformidade.

Conclusão: Por que os participantes entraram em conformidade tão facilmente? Quando eles foram entrevistados após o experimento, a maioria deles disse que eles realmente não acreditam que suas respostas eram certas, mas que tinham ido com o grupo, por medo de serem ridicularizados ou terem pensamento peculiar. Alguns deles disseram que acreditavam realmente que as respostas do grupo estavam corretas. Aparentemente, as pessoas se conformam por duas razões principais: porque querem se encaixar no grupo (influência normativa) e porque eles acreditam que o grupo está mais bem informado do que eles são (influência informacional)[48]

Um novo estudo comprova a noção orwelliana já que a influência do ambiente social de uma pessoa pode até mudar suas memórias. Um estudo do Instituto

Weizmann de Ciência testou até que ponto a memória das pessoas podia ser alterada através da manipulação social. Em nota o Instituto Weizmann, declarou: "Uma nova pesquisa do Instituto Weizmann mostra que um pouco de pressão social pode ser tudo o que é necessário." O experimento foi realizado em quatro etapas. Primeiro, os voluntários assistiram a um filme. Três dias depois, eles passaram por um teste de memória, respondendo a perguntas sobre o filme. Eles também foram questionados quão confiantes estavam sobre suas respostas.

Eles foram mais tarde convidados para refazer o teste enquanto faziam um exame de ressonância magnética funcional (fMRI), para que a atividade cerebral fosse revelada. Desta vez, também deram as mesmas respostas das outras pessoas que estavam em seu grupo. Entre as respostas haviam respostas falsas para as perguntas que os voluntários ja haviam respondido correta e com confiança antes. Depois de ver estas respostas "plantadas", os participantes em conformidade com o grupo, deram respostas incorretas por quase 70% do tempo.

Mas eles estavam simplesmente em conformidade com as demandas sociais, ou sua memória do filme realmente mudou? Para descobrir isso, os pesquisadores convidaram as pessoas testadas para refazer o teste de memória. Em alguns casos, os entrevistados reverteram suas respostas para a original, correta, no entanto, mais da metade permaneceu com a resposta errada, o que implica que as pessoas testadas confiaram em falsas memórias implantadas na sessão anterior.

Uma análise dos dados de fMRI mostraram diferenças na atividade cerebral entre as memórias falsas persistentes e os erros temporários de conformidade social. Os cientistas acreditam que exista um elo entre

as partes sociais e processamento da memória do cérebro:
"Seu 'selo' pode ser necessário ... para dar [às memórias]
aprovação antes de serem enviadas para o banco de
memória. Assim, o reforço social poderia atuar em ...
nossos cérebros para substituir uma memória forte, por
uma falsa." [49]

> "A maioria das pessoas nem sequer está
> conscientes de sua necessidade de estar em
> conformidade. Elas vivem sob a ilusão de que
> seguem as suas próprias ideias e inclinações, que
> são individualistas, que chegaram à suas opiniões
> como resultado de seu próprio pensamento, e
> que isso só acontece quando as suas ideias são as
> mesmas que as da maioria."
>
> Erich Fromm, *A Arte de Amar* [50]

Agora que vimos como a sociedade afeta a opinião das
pessoas, vamos examinar a questão a partir de um ângulo
prático e educacional. O impacto dos meios de
comunicação em nossos pontos de vista, mesmo
fisicamente no nosso cérebro, tem sido documentado e
reconhecido mais de uma vez. Manchetes como "Vídeo
Games Violentos e Mudanças no Cérebro," [51] "Varejista
norueguês puxa jogos violentos para despertar Ataques",
[52] e "Tiroteio em Massa na Alemanha faz com que
Varejista abandone Games marcados "apenas para
Maiores" "[53] indicam que as pessoas estão bem
conscientes do dano da mídia violenta e agressiva. No
entanto, apesar de toda nossa consciência a mídia não só
continua a mostrar estas imagens ofensivas, mas ainda
aumenta a sua frequência e explicitação.

Para compreender o quanto as mentes jovens absorvem a
violência, considere essa informação de uma publicação

sobre o Sistema de Saúde da Universidade de Michigan , intitulado "A Televisão e as Crianças": "Uma criança americana média vai ver 200.000 atos violentos e 16.000 assassinatos na TV quando chegue aos 18 anos."54 Se esse número não parece alarmante, considere que há 6570 dias em 18 anos, o que significa que, em média, aos 18 anos a criança vai ter visto um pouco mais de 30 atos de violência na TV, 2,4 dos quais são assassinatos, *todos os dias de sua jovem vida.*

"Não somos obrigados à neutralidade, mas sim a unidade, unidade da garantia comum, de responsabilidade mútua, da reciprocidade... Este é o lugar onde nosso trabalho na educação entre os nossos jovens se objetiva, e ainda mais com os adultos."

Martin Buber, filósofo e educador,
Uma nação e um Mundo: Ensaios sobre eventos atuais [55]

Para concluir, a pesquisa contemporânea prova que "meu ambiente hoje sou eu amanhã." Nossos ambientes nos constroem como seres humanos, e porque somos produtos de nossos ambientes, cada mudança que queremos impor a nós próprios primeiro devem ser absorvido em nossos ambientes. Portanto, quando nós construímos um ambiente no qual o valor da responsabilidade mútua é endossado e é considerado louvável, esse valor vai ser louvável aos nossos próprios olhos, também.

Implementação:Internet e Comunicação Interpessoal

A solução mais rápida e mais óbvia para alcançar a mudança de nossos valores é através dos elementos-chave que projetam nossos padrões de pensamento hoje, os meios de comunicação e internet. Para mudar a mentalidade social, é preciso mudar o discurso na mídia. Como demonstramos acima, se os meios de comunicação nos disserem que dar, compartilhar e colaborar são coisas boas, poderíamos pensar assim, também, e de bom grado seguir o exemplo.

Mas, na realidade de hoje, os nossos egos são impulsionados, o benefício próprio é recompensado, e pessoas manipuladoras são apelidadas positivamente de "empreendedoras". Não é surpreendente que aqueles que não são egoístas e dizem isso na escola tendem a ser rotulados de "burros" ou "fracos". Também não é surpreendente que, com tal afluxo de mensagens socialmente negativas, os policiais devem ser colocados em cada escola elementar no Texas, por exemplo, não para manter adultos perigosos longe, mas para manter as crianças perigosas longe , e até mesmo punir algumas delas de 6 anos de idade! E não são apenas uma ou duas, mas 300 mil crianças em 2010 e em apenas um estado, o Texas. [56]

A TV como entretenimento não deve significar programas violentos ou que promovam o benefício próprio É bastante possível produzir entretenimento, televisão de alta qualidade que contenham mensagens pró-sociais. O jornalismo investigativo não pode expor a corrupção apenas, mas também mostrar como todos nós dependemos uns dos outros, e como só juntos podemos ter sucesso. Os meios de comunicação podem apresentar comunidades e iniciativas em que tais conceitos estão sendo implementados, como na cidade de Marinaleda na Espanha, conforme apresentado na história inspiradora do jornal The New York Times ", um trabalho e sem hipoteca para Todos em uma cidade espanhola."[57]

Os meios de comunicação podem, então, discutir em que medida tais esforços são bem sucedidos, em que medida e como elas melhoram nossas vidas, e como tais iniciativas são aplicáveis em diferentes partes do mundo.

O fato é que o discurso público precisa mudar, e quando isso acontecer as pessoas vão mudar seus pontos de vista e os meios de comunicação vão mudar o seu conteúdo para se adequar o discurso público. Mas a mudança deve começar com um esforço consciente, como a tendência atual dos meios de comunicação é antissocial, em vez de pró-social.

Além disso, hoje uma mudança social não tem que começar no topo, em um horário nobre, programa de TV de alto nível nos canais mais populares. Pode ser apenas um movimento de base com alguns entusiastas que se juntam para formar um movimento social que será promovido através da internet. Esta é precisamente a forma como o movimento OWS começou.

Meios de comunicação sociais, como Facebook e YouTube permitem que qualquer pessoa com um pouco de unidade e bom senso promova qualquer ideia que desejarem, boas ou más, e criem um alarde em torno dele o suficiente para reunir uma massa crítica de ideias pró-sociais. Como veremos a seguir, é necessária uma pequena minoria determinada para fazer uma mudança rápida, grande e decisiva. Ao lado dos vários meios de comunicação, há a boa circulação de boca a boca. As ideias se espalham melhor assim.

simplesmente falar sobre elas em casa, no trabalho, com os amigos, em fóruns on-line, e através de redes sociais. Simplesmente dizer às pessoas o que você acredita que é certo vai levá-las a pensar.

"Nada é melhor do que chegar com um produto tão interessante que as pessoas simplesmente não podem evitar falar sobre isso. Nada é melhor do que os clientes que tomam para si apoiar um negócio que eles adoram ", escreve a consultoria de marketing, Andy Sernovitz, em seu livro, *Marketing de Boca em Boca: Como empresas inteligentes fazem as pessoas falarem, Edição Revisada*.[58] Há até mesmo um lado mais latente para a difusão das ideias. Elas podem se espalhadas por pessoas simplesmente pensando ou querendo as coisas certas. No dia 10 setembro de 2009, o *The New York Times* publicou uma reportagem intitulada "Os Seus Amigos estão lhe Engordando? Por Clive Thompson.[59] Em sua história, Thompson descreve uma experiência fascinante realizada em Framingham, Massachusetts. No experimento, os detalhes da vida de 15.000 pessoas foram documentados e registrados periodicamente ao longo de 50 anos. A análise dos dados dos Professores Nicholas Christakis 'e James Fowler revelou descobertas surpreendentes sobre a forma como uns afetam aos outros em todos os níveis físico, emocional e mental e como as ideias podem ser tão contagiosas quanto um vírus.

Em seu célebre livro, Connected: o poder surpreendente de nossas redes sociais e como eles moldam nossas vidas, Como os amigos dos amigos dos seus amigos afetam tudo o que sente, pensa e faz, Christakis e Fowler estabeleceram que havia uma rede de inter-relações entre os mais de 5000 participantes. Christakis e Fowler descobriram que na rede, as pessoas se afetam mutuamente e foram afetadas umas pelas outras e não apenas em questões sociais, mas com problemas físicos, também.

"Ao analisar os dados de Framingham", Thompson escreveu "Christakis e Fowler dizem ter, pela primeira vez, encontrado uma base sólida para uma teoria potencialmente poderosa em epidemiologia: que os bons comportamentos- como parar de fumar ou se manter esbelto ou ser feliz - passam de amigo para amigo quase como se fossem vírus contagiosos. Os participantes de Framingham, os dados sugeridos, influenciavam a saúde uns dos outros apenas por socializar. E o mesmo era verdadeiro quando se tratando de maus comportamentos - grupos de amigos pareciam que "contagiavam" uns aos outros com a obesidade, a infelicidade, e o tabagismo. Permanecer saudável, ao que parece, não é apenas uma questão de genética ou da dieta.que se tem. Boa saúde é também um produto, em parte, da sua proximidade com outras pessoas saudáveis. "[60]

57 por cento de seus amigos ou amigas estariam propensos a se tornarem obesos, também. Ainda mais surpreendenteaté parecia que as conexões eram ignoradas. Um residente de Framingham estava cerca de 20 por cento

mais propenso a se tornar obeso, se o amigo de um amigo se tornou obeso, mesmo se o amigo não aumentasse nenhum quilo a mais. De fato, o risco de uma pessoa ser obesa subia cerca de 10 por cento, mesmo se um amigo de um amigo de um amigo ganhasse peso. "[61]

Citando Christakis, Thompson escreveu: "Em certa maneira, podemos começar a entender as emoções humanas, como a felicidade, da maneira que podemos estudar o debandar de um búfalo. Você não pode perguntar a um único búfalo, 'Por que você está correndo para a esquerda?" A resposta é que o bando todo está correndo para a esquerda. [62]

Mas há mais de contágio social do que observar o peso ou condição cardíaca de alguém. Em uma palestra televisionada, o professor Christakis explicou que nossas vidas sociais (e, portanto, grande parte de nossas vidas físicas, a julgar pelos números anteriores) dependem da qualidade e força de nossas redes sociais e o que corre nas veias dessa rede. Em suas palavras, "Nós formamos redes sociais, porque os benefícios de uma vida conectada superam os custos. Se eu fosse sempre violento com você... ou lhe deixasse triste... você cortaria os laços comigo e a rede se desintegraria. Assim, a propagação de coisas boas e valiosas são necessárias para sustentar e nutrir as redes sociais. Da mesma forma, as redes sociais são necessárias para a propagação de coisas boas e valiosas, como o amor, bondade e felicidade, e altruísmo, e ideias. ...Eu acho que as redes sociais são fundamentalmente relacionadas com a bondade, e acho que o mundo precisa agora é de mais conexões."[63]

Informação, Conscientização e Cura

Além de contemplar o valor da responsabilidade mútua, aumentando assim a sua "popularidade", precisamos contemplar formas de introduzi-la através da ação. Uma possibilidade é trazer tantos especialistas quanto possível, como Christakis, Fowler e outros, sob uma organização guarda-chuva que fará com que essas ideias se tornem disponíveis através do sistema de educação, os meios de comunicação, e através de entretenimento popular.

A maneira pela qual essas ideias serão expressas deve ser deixada para os profissionais de cada área, assim como músicos e cineastas expressarem suas ideias hoje. Cada pessoa consome diferentes tipos de mídia, entretenimento e informação. As pessoas já sabem o que eles gostam de ver e ler, e onde gostariam de ir. Algumas pessoas gostam de assistir TV em casa, alguns na academia, e alguns no bar. Alguns não gostam de TV , mas consomem suas informações e entretenimento através da internet. Tudo isso pode permanecer sem alterações, mas o que precisa mudar gradualmente é o tipo de conteúdo que é veiculado.

Atualmente, eles apresentam uma riqueza de informações, que não estamos cientes de que estamos consumindo. Nós simplesmente gostamos de ler ou assistir sem pensar muito sobre isso. Dentro dos meios de comunicação, no entanto, são pessoas como os anunciantes, que habilmente implantam suas ideias em nossas mentes como, por exemplo, a ideia que uma empresa é melhor do que outra, ou que sem o mais novo aparato eletrônico existente no mercado nossas vidas não valeram a pena chamar uma "vida". Embora essas ideias sejam falsas, elas penetram em nossas mentes e nossos pensamentos e incomodam até que aliviemos nossas mentes ao comprar o item anunciado.

Agora, considere o que aconteceria se nossas mentes se fossem implantadas as ideias de que estamos todos interligados, e que ferir os outros é como ferir a si mesmo. Como seria se o mundo seguisse o lema: "Se você não é bom, você não serve"?

Mas não só os meios de comunicação precisam mudar. Se as escolas ensinassem "aulas de conectividade", se você pudesse se formar em "interconexão prática" na universidade, ou networking"pró-social " treinador de indivíduos e equipes em uma empresa, uma nova atmosfera todo social, um novo burburinho de conexão iria surgir. Dentro de alguns meses, as pessoas passam a sentir que haverá uma verdadeira alternativa do que o benefício próprio, pois oferece maior valor por um custo menor.

Tudo iria mudar. Em vez de mandar nos outros que estão ao seu redor, trocar de ideias seria a maneira de se conectar com colegas de trabalho e colegas na escola. Testes pessoais nas escolas e universidades se tornariam obsoletos porque a habilidade de uma pessoa não depende do quanto ela pode decorar respostas. Em vez disso, o valor de uma pessoa seria a medida que ela se conecta, ao nível ao qual ela tenha desenvolvido canais de informação. Em tal estado, um teste pessoal seria irrelevante, uma atribuição do grupo seria um meio muito mais adequado de avaliação.

Além das mudanças no trabalho ou na escola, a nossa vida social será transformada. Quando conexão é a chave para o sucesso e felicidade, o que se cultiva são as conexões de cada um. As conexões são feitas não só no trabalho, mas em grande parte fora de nossa "hora de trabalho". Como resultado de passeios, socialização, jogos, e se tornariam muito mais populares, porque não teriam um valor meramente recreativo, mas seriam considerados como uma contribuição para uma vida da pessoa.

No trabalho, também, a atmosfera seria muito mais sociável, como a socialização seria uma ferramenta para desenvolvimento pessoal e profissional. Além disso, a valorização da nossa interdependência e da importância das relações sociais positivas irão diminuir a frequência de comportamento desleal ou injusto no trabalho. Como Christakis mencionou em sua palestra acima mencionada, "Se eu fosse sempre violento com você... ou lhe fizesse triste... você cortaria os laços comigo e a rede iria se desintegrar". Isso seria contraproducente para um de desenvolvimento pessoal e profissional.

O conceito fundamental é simples: Nós estamos todos interligados, daí interdependentes. Portanto, temos de resolver os nossos problemas, no espírito da responsabilidade mútua, onde todos são responsáveis pelo bem estar dos outros.

Se, por exemplo, uma empresa decidisse que precisaria melhorar seu desempenho nos negócios e torná-la adequada para o mundo globalizado, a empresa gostaria de ter um treinador de responsabilidade mútua para treinar a equipe (empregadores e empregados) para trabalhar e pensar "como uma empresa" em um mundo interconectado. Os resultados melhorariam as conexões interpessoais, haveria um melhor fluxo de informações em toda a empresa, um maior grau de confiança em todos os níveis, e um exame mais detalhado de cada etapa do projeto e produção de produtos, proporcionando assim melhores produtos e melhores relações com os clientes.

Emprego e Treinamento

"A ciência nunca vai descobrir um sistema de comunicação melhor do que a parada para o café."

Atribuída a Earl Wilson

A necessidade de cultivar novas conexões na sociedade humana vai nos ajudar a lidar com o problema crescente do desemprego global. Os chefes da Organização para a Cooperação e Desenvolvimento Econômico (OCDE) e da Organização Internacional do Trabalho (OIT), declararam recentemente que "O número total de desempregados é ainda de 200 milhões no mundo todo, perto do pico registrado durante a Grande Recessão[64] Mesmo nos países do G20 "A análise ... expressa a preocupação de que o emprego pode ... crescer ... até o final de 2012, resultando em um déficit de 40 milhões de emprego nos países do G20 nos próximos anos e um déficit muito maior em 2015."

De acordo com o Huffington Post, "a taxa de desemprego da Espanha aumentou rapidamente na Zona do Euro de 21,3 por cento no primeiro trimestre do ano [2011], com um recorde de 4,9 milhões de pessoas desempregadas,"[65] e

o Bureau de Estatísticas do Trabalho dos EUA informou que a taxa de desemprego atual nos EUA é de 8,6, com 13,3 milhões de pessoas fora do mercado de trabalho.[66]
No entanto, mais preocupante e socialmente mais volátil é a taxa de desemprego dos jovens na zona euro, nomeadamente na Espanha e na Grécia, mas também nos Estados Unidos. Em 22 de dezembro de 2011 Felix Salmon da Reuters noticia, "Espanha e Grécia têm desemprego juvenil quase inconcebivelmente alta se aproximando dos 50%, mas também a Irlanda ... viu a sua taxa de desemprego juvenil atravessar o teto desde a crise, de menos de 10% para mais de 30%"[67]

Quanto os EUA, a história continua, "a coisa a notar aqui não é apenas no nível absoluto o desemprego da juventude é agora de 18,1%, e dos negros é de 31% -, mas também o forte aumento [de pouco mais de 10 em 2007 para pouco mais de 18 em 2010]."

Sem explicitamente dizer que o relatório oferece uma comparação cruel cujo significado é claro: "Os EUA estão exatamente no mesmo estágio que vimos no Oriente Médio que causaram a Primavera Árabe. Estamos mais abaixo do que o Egito e Tunísia, mas estamos superiores ao Marrocos e a Síria ".

Jovens, educados sentem que passaram seus melhores anos e o melhor dos seus recursos (ou os recursos de seus pais) para tornarem-se qualificados para um mundo que não existe mais. Esta apreciação não é apenas um sentimento. Em seu livro, O Admirável Mundo Novo do Trabalho, o professor Ulrich Beck, um dos principais sociólogos da Europa, explica que "O trabalho está chegando ao fim, como mais e mais pessoas estão sendo trocadas por tecnologias inteligentes. Para os nossos colegas, ao final do século 21, as lutas de hoje por mais de postos de trabalho vão parecer uma briga por cadeiras no convés no Titanic. O "emprego para toda vida" desapareceu... e todo o trabalho pago é sujeito à ameaça de substituição."[68]

Querendo ou não, a crise vai levar a uma redução de indústrias redundantes e ao reconhecimento de que a maioria da população do mundo não é simplesmente necessária no mercado de trabalho. No entanto, se as pessoas não estão trabalhando agora e não irão trabalhar no futuro, o que devem fazer? Como elas vão viver? E se forem sustentadas pelo governo ou qualquer outra entidade,ao ficarem ociosas durante todo o dia não se destruirão mentalmente e emocionalmente? Esta poderia ser uma situação explosiva para qualquer sociedade, um motivo constante de agitação, desordem e criminalidade.

A solução para a ociosidade humana será enviar as pessoas de volta para a escola. No entanto, esta não será a escola novamente, nem colégio, nem mesmo a educação de adultos de qualquer tipo que conhecemos. Será uma "Escola de globalização para os cidadãos do mundo interconectado." Estudos em que a escola não vai custar dinheiro. Ao contrário, a escola vai conceder bolsas de estudo aos seus participantes, assim como estudantes universitários recebem bolsas e auxílios. O Estado vai financiar as bolsas com o dinheiro que vai economizar ao cortar a força de trabalho do serviço público, uma vez que os subsídios de desemprego custam ao estado menos do que manter as pessoas empregadas no desemprego oculto.

Além disso, a crescente consciência de nossa interconexão irá criar uma atmosfera em que será mais fácil para os "ricos" compartilharem um pouco do que eles têm com os "que não têm." Algum ajuste na tributação também é provável, mesmo que seja apenas na forma de cobrança de impostos reais, em vez de os ricos os camuflarem através de uma contabilidade sofisticada. Mais uma vez, todas essas mudanças devem acontecer de bom grado, uma vez que a grande maioria na sociedade reconhece a nossa inter-relação e interdependência e deseja viver em conformidade.

A partilha não tem que vir na forma de dinheiro: pode muito bem apresentar-se nas formas de oferta de casas baratas para alugar, estreitando as margens de lucro sobre os produtos básicos para ajudar o meio menos abastado, e outros numerosos meios pelos quais se pode mostrar apoio à sociedade.

A razão pela qual o pagamento para a participação na Escola de Globalização será considerada uma subvenção e não subsídio de desemprego ja que os benefícios de desemprego podem levar uma marca social negativa, enquanto que as subvenções não. É muito importante que os alunos da nova escola se sintam confiantes e até mesmo orgulhos de estar lá. Isto irá torná-los mais receptivos ao material que está sendo ensinado.

Na Escola de globalização, as pessoas vão aprender a lidar com elas mesmas em um mundo que se tornou interconectado, onde são dependentes de outros para o seu sustento. Elas vão aprender sobre o curso da evolução, como discutido anteriormente neste livro, a necessidade de ajustar a sociedade humana para que o curso, os benefícios do ajuste, e os danos em adiar o ajuste. As pessoas vão aprender o valor da comunicação, novas formas de comunicar, e irão adquirir estas habilidades tais como economia doméstica e de comunicação interpessoal e outros conhecimentos necessários para tempos de rápidas mudanças.

Porque as pessoas terão muito mais tempo de lazer, e serão capazes de usá-lo para aprender novas habilidades. Essas habilidades serão ensinadas na escola, mas também serão úteis fora dela, dando às pessoas mais opções na busca de um emprego, como oportunidades de socializar com pessoas novas, ou abrindo novos caminhos para contribuir para a sociedade. Qualquer habilidade com mérito real seja ela agrícola ou programação de dados, será útil no futuro, como é hoje. Porque a vida das pessoas não vai depender de sua capacidade de vender os seus produtos, Elas irão se concentrar apenas no desenvolvimento do que é realmente necessário e útil. Irão fabricar produtos que são construídos para durar, em vez de produtos com obsolescência programada, destinada a forçar as pessoas a gastarem mais do que deveriam ou gostariam.

As pessoas agora terão tempo para socializar. As pessoas ainda frequentarão a escola ou trabalho, mas haverá muito mais tempo livre do que existe hoje, e as pessoas usarão este tempo para se socializar, como discutimos anteriormente neste capítulo. Socializar não vai ser um objetivo em si mesmo, mas um meio de enriquecimento, um auxiliar de aprendizagem, a chance de obter insights para novos domínios de conhecimento e novas profundidades de pensamento, ou simplesmente para melhorar a confiança pessoal por ter mais amigos (amigos de verdade , não amigos do Face book).

Olhando para o futuro, alguns anos a partir de agora a vida vai ser muito diferente. Hoje as pessoas estão tão estressadas que mal tem tempo para respirar. Estamos vivendo em uma constante corrida de ratos em uma roda sempre girando, cada vez mais acelerada. Mas quando pelos contratos de trabalho não precisarmos trabalhar tantas horas, teremos mais tempo para cultivar os nossos interesses e os nossos laços sociais. É então que vamos ter um crescimento real e o crescimento da felicidade.

Em sua coluna no jornal The New York Times, "a terra está cheia,"[69] Thomas Friedman, autor de O Mundo é Plano: Uma breve história do século XXI discute o livro de Paul Gilding, A Grande Ruptura: Por que a crise climática Trará o Final das Compras e o Nascimento de Um Novo Mundo. Friedman cita Gilding dizendo, "Se você cortar mais árvores do que você planta você ficará sem árvores." Como o impacto da Grande Ruptura iminente nos atinge, Gilding escreve: "A nossa resposta será proporcionalmente dramática, mobilizando-nos, como fazemos em guerra. Vamos mudar a escala e velocidade que mal podemos imaginar hoje, transformando completamente a nossa economia, incluindo as indústrias nossa energia e transporte, em apenas poucas décadas."

Friedman explica que de acordo com Gilding, vamos perceber que o modelo de crescimento conduzido pelo consumidor, está quebrado e temos que passar para um modelo de crescimento orientado para maior felicidade com base em pessoas que trabalham menos e possuem menos. "Quantas pessoas", Gilding pergunta: "mentem em seu leito de morte e dizem: 'Eu gostaria de ter trabalhado mais ou aumentado o valor das ações da bolsa", e como muitos dizem, Eu gostaria de ter ido para partidas em estádios, ter lido mais livros para meus filhos, feito mais caminhadas? "Para isso, você precisa de um modelo de crescimento baseado em dar às pessoas mais tempo para aproveitarem a vida, mas com menos coisas".

Os Princíoios da Educação

"Consertar o mundo significa reparar a educação."[70]

Janusz Korczak, educador

Até agora, nós já conversamos sobre a sociedade em geral e sobre o ensino dos adultos em particular. No entanto, no longo prazo, o nosso futuro depende de como educamos nossos filhos, e não a nós mesmos. Por esta razão, parece adequado introduzir alguns dos fundamentos de educação infantil no novo mundo.

Primeiro e mais importante é a escola. O objetivo da escola no novo mundo não é apenas para incutir o conhecimento apenas para que uma criança passe em um teste. Em vez disso, a escola deve educar as crianças para se tornarem seres humanos, ou melhor, humanitários. As crianças devem ser educadas sobre o tipo de mundo em que vão viver quando se tornam adultos. À eles devem ser dadas as ferramentas para que sejam as pessoas conectadas e comunicativas que aspiramos para ensinar adultos a serem capazes de construir relações genuínas e duradouras de responsabilidade mútua.

Isto será realizado através da criação de um ambiente pró-social na escola, e muito importante: um ambiente pró-escola em casa. Em vez de ser ensinada a ser a melhor em sua classe, a crianças precisa ser ensinada a construir uma sociedade onde todas as crianças são conectados umas às outras, onde a atmosfera seja de amizade e igualdade. Elas podem começar, por exemplo, por estar em círculos ao invés de carteiras enfileiradas e separadas. Elas podem ser ensinadas através de jogos que revelem quanta de energia e sentido de pertença esta forma de estudo oferece.

O conceito de aprendizagem social, em vez de aprendizagem individual, não é uma noção teórica. Já foi tentado várias vezes com sucesso repetido, até o ponto que se deve perguntar como poderíamos ter ficado alheios às suas vantagens óbvias por tanto tempo.

Em um ensaio chamado "Uma História de Sucesso da Psicologia da Educação: Teoria da Interdependência Social e Aprendizagem Cooperativa", da Universidade de Minnesota professores, David W. Johnson e Johnson Roger T. apresentam um caso convincente para "a teoria da interdependência social" Em suas palavras, "Mais de 1.200 trabalhos de pesquisa têm sido realizados nos últimos 11 décadas de esforços cooperativos, competitivo e individualista."[71]

Johnson e Johnson comparou a eficácia da aprendizagem cooperativa para a comumente usada aprendizagem individual, competitiva. Os resultados foram inequívocos. Em termos de prestação de contas individual e responsabilidade pessoal, concluiu: "A interdependência positiva que une os membros do grupo em conjunto é posta para resultar em sentimentos de responsabilidade para (a) completar uma ação de trabalho e (b) facilitando o trabalho dos outros membros do grupo." Além disso, quando o desempenho de uma pessoa afeta os resultados dos colaboradores, a pessoa se sente responsável pelo bem-estar dos colaboradores, bem como pelo seu próprio. Falhando consigo mesmo é ruim, mas falhar com os outros é muito pior. "[72]

Em outras palavras, a interdependência positiva transforma individualistas em pessoas que cuidam e colaboram, o completo oposto da tendência atual em que o individualismo excessivo atinge o nível do narcisismo.

Para demonstrar os benefícios da colaboração, os pesquisadores mediram os resultados dos alunos que colaboraram em comparação com aqueles que competiram. "A média da pessoa que colaborou alcançou em cerca de dois terços do desvio padrão acima da média obtida pela pessoa que a realizou dentro de uma situação competitiva e individualista."[73]

Para entender o significado de tal desvio acima da média, considere que, se uma criança é um estudante de média D, através da cooperação, as suas notas saltarão para uma média espantosa A +. Além disso, eles escreveram, "A cooperação, quando comparado com os esforços competitivos e individualistas, tende a promover a maior retenção de longo prazo, maior a motivação intrínseca e as expectativas para o sucesso, o pensamento mais criativo... e atitudes positivas para com a tarefa e escola."[74]

Na aprendizagem colaborativa, o papel do professor não é ditar o material, mas, sobretudo,orientar as crianças. Elas devem perceber o professor como um amigo adulto, assim como uma pessoa experiente. Professores e alunos devem sentar-se juntos em um círculo, em alturas iguais, e discutir de igual para igual. Aqui, a superioridade e controle são substituídos por orientação sutil para ajudar as crianças a descobrirem as coisas por si mesmas, através de deliberação ou por meio de esforços de seu grupo.

As crianças aprendem a deliberar, para compartilhar pontos de vista e discutir, ao mesmo tempo respeitando uns aos outros por seus méritos pessoais e singularidade. Isso permite que cada uma delas expresse seus pensamentos livremente e revele qualidades especiais de cada aluno. Desta forma, as crianças vão ampliar sua visão de mundo e absorver novas ideias e perspectivas.

Ao repetir esta modalidade de aprendizagem, as crianças aprendem a apreciar a conexão entre elas como seu ativo mais importante, pois é isso que lhes concede todo o conhecimento e poder que possuem. Elas começam a desfrutar do sucesso apenas em conjunto com os outros, e o valor de cada pessoa não é medido por excelência individual, mas pela contribuição de sua excelência para o sucesso do grupo.

Os grupos de estudo serão relativamente pequenos, e cada grupo será acompanhado por uma ou duas crianças que são de dois a três anos mais velhos do que elas. Estas crianças mais velhas servem como instrutores. Por causa da inclinação natural da criança para copiar as crianças mais velhas, esses instrutores criança serão realmente os melhores professores, como os alunos irão, naturalmente, tentar imitá-los. Os filhos mais velhos que ensinam também têm muito a ganhar, uma compreensão mais profunda do material, uma compreensão mais profunda de si mesmos, e uma oportunidade de contribuir para a sociedade e ganhar a sua aprovação.

A disciplina das crianças será tratada de forma muito diferente do que nas escolas de hoje. Quando há um caso de má conduta, as próprias crianças, juntamente com os adultos e profissionais, irão decidir como lidar com a situação. O pensamento crítico construtivo deve ser ensinado às crianças, e momentos de análise das crises de pequeno porte são grandes oportunidades para o ensino de tal pensamento. Se uma criança se comporta mal, a classe vai se reunir e discutir o que deve ser feito sobre isso, e como evitar que se repita.

A discussão não seria um processo teórico. Em vez disso, as crianças (e não as que estão sendo discutidas) irão simular a situação e relatarão para a classe de como se sentiram, o que as levou a se comportarem daquela maneira, e assim por diante. Elas, então, realizarão uma discussão em grupo onde todas as crianças participam, de modo que uma vez que a decisão tenha sido alcançada, todas as crianças terão realmente "experimentado" todas as partes no incidente. Elas podem, portanto, tomar uma decisão de uma forma muito mais justa, ainda que com compaixão e compreensão.

Tais discussões ensinam as crianças a considerar as questões a partir de ângulos diferentes, e saber que está tudo bem e até natural ter muitos pontos de vista sobre o mesmo assunto. Além disso, através da simulação repetida e exame de ideias de diferentes pontos de vista, as crianças vão aprender a mudar de opinião, a se arrependerem, a admitirem erros, e justificarem pontos de vista de seus amigos, em vez dos seus próprios.

Pelo menos uma vez por semana, as crianças deverão sair em excursões e passeios para ajudá-los a conhecer o mundo em que vivem "de perto". Passeios recomendados incluiriam lugares que geralmente não seriam visitados nem estudados, como bancos, sedes da polícia, museus de todos os tipos, fábricas e tribunais.

Cada passeio como será precedido de explicações sobre o lugar que vão visitar, o que eles esperam encontrar, o que eles já sabem sobre aquele lugar, seu papel em suas vidas e quão bem os lugares executam o seus papéis, como beneficiam a sociedade, que tipo de pessoas trabalham lá, e que tipo de formação e escolaridade são necessárias para trabalhar lá. Depois da turnê as crianças vão discutir e compartilhar as suas experiências e lições do passeio, enriquecendo um ao outro com suas percepções.

Através destas visitas e passeios as crianças conhecerão o mundo de uma maneira muito mais pessoal do que apenas vê-lo na TV, onde seriam influenciadas pela perspectiva que o diretor quer mostrar. Às vezes, como no caso dos museus, as crianças não saberiam nada sobre eles se não fosse a escola. Além do aprendizado sobre o lugar que visitam, conhecendo os elementos que afetam suas vidas, elas virão a sentir em primeira mão a malha que liga a sociedade humana.

Eles vão aprender que o mundo é integrado e conectado através destas experiências, simplesmente mostrando lugares diferentes, suas funções em nossas vidas, e suas conexões com outros lugares que afetam suas vidas. Esta informação é vital para a confiança de uma criança e preparação para a vida além da escola.

Outra ajuda importante de aprendizado é a câmera de video. Recomenda-se sua utilização em todas as aulas, que na verdade não são aulas, mas discussões e grupos de trabalho para serem documentados em vídeo. As crianças se habituarão rapidamente a presença da câmera e se comportarão naturalmente. Isso permite que elas se vejam de outro ângulo, repetindo eventos que requerem atenção especial. Olhando para um vídeo de uma situação, eles podem analisar de forma mais clara como funcionavam como um grupo, como eles lidavam com interferências, e como eles se relacionam entre si. Assim, podem julgar a si mesmas e suas relações com os outros e ver onde elas são bem sucedidas e onde eles precisam melhorar.[75]

Fazendo a Mudança Juntos

"Nós não somos estranhos e nós estamos ligados por um destino comum. E nestes tempos turbulentos devemos nos juntar cada vez mais."

Christine Lagarde, diretora administrativa do Fundo Monetário Internacional [76]

Todas as mudanças que descrevemos até agora, tanto para a sociedade dos adultos, como para a sociedades das crianças irão criar uma nova atmosfera ao nosso redor. Como pudemos ver, essas mudanças vão afetar todas as partes de nossa vida-trabalho, família, amigos, escola, o sistema judicial, os meios de comunicação, relações interpessoais, relações internacionais, relações comerciais, e assim por diante.

Curiosamente, nós não precisamos de toda a sociedade para definir esta transformação em movimento, mas um número relativamente pequeno de pessoas. Cientistas do prestigiado Instituto Politécnico Rensselaer (RPI) descobriu que mesmo quando apenas 10 por cento da população compartilham de uma convicção ou crença, o resto da sociedade adota. Os modelos matemáticos mostram que há um salto repentino na aceitação: abaixo de 10 por cento, o efeito é quase imperceptível, mas uma vez que a marca de 10 por cento é alcançada, se espalha como fogo.[77]

Considerando que a internet em geral, e as redes sociais, em particular, permitem a rápida propagação de ideias, é o suficiente para que nós comecemos a falar sobre a necessidade de se conectar acima de todas as diferenças para o futuro de todos nós, e chamar o maior número possível de pessoas para esta noção . Os cientistas da RPI mencionaram a Tunísia e o Egito como exemplos para tal processo, dizendo: "Nesses países, os ditadores que estavam no poder durante décadas foram subitamente derrubados em apenas algumas semanas."

Quando você pensa sobre isso, há uma probabilidade que muito mais do que 10 por cento queiram ter um mundo mais seguro, mais amigável do que o que temos agora, então as chances de fazer 10 por cento da população se unir a esse pensamento, assim instigando a mudança, são muito maiores do que poderia parecer à primeira vista.

A campanha Pelas Nossas Vidas

A responsabilidade mútua é como uma esfera que cresce ligando opostos. É verdade, somos diferentes em todos os sentidos, em nossos pensamentos, nossos hábitos, em nosso caráter, e em nossos corpos. Mas, ao mesmo tempo, entendemos que a realidade impõe que nos unamos e trabalhemos em conjunto. Uma sociedade que projeta a mensagem de que a responsabilidade mútua é a lei fundamental da vida vai fazer-nos não apenas compreender este conceito intelectualmente, mas vamos nos esforçar para implementá-lo em nossas vidas diárias. Assim como uma boa propaganda cria tal zumbido em torno de um novo produto ou serviço que nos sentimos obrigados a comprá-lo, criando um burburinho em torno do conceito de responsabilidade mútua vai nos fazer sentir que nós apenas temos que ter isso, temos que sentir como é viver dessa maneira.

A construção sistemática e consistente de uma sociedade com pensamento global fará com que cada um de nós desenvolva uma percepção abrangente do mundo. Em vez de "eu" e "eles", vamos começar a ver a realidade como "nós" ou "todos nós". Vamos mudar de querer a satisfação pessoal para querer gratificação para a população em geral. Nosso ponto de vista se expandirá de pessoal para coletivo, e novos insights apareceram em nós.

"A multiplicidade é apenas aparente. Na verdade,
há apenas uma mente."

Erwin Schrödinger, físico, um dos fundadores da mecânica
Quântica [78]

Justiça
Social

"O Ocidente está sendo desafiado a oferecer
não apenas crescimento, mas o crescimento
inclusivo, que, mais criticamente, envolve
uma maior justiça social." Mohamed A. El-Erian, CEO
CEO da Pimco,
e autor de Quando os Mercados Colidem [79]

A inquietação social global de 2011 apresentou um sério desafio.Por um lado, a demanda para ter um padrão de vida decente para todos é compreensível.

Por outro lado, os governos não podem quebrar os seus orçamentos se pretendem manter economias funcionais. Em dias em que praticamente o mundo inteiro está em uma profunda crise econômica, cujo fim não está visível, quando muitos países estão em risco de insolvência iminente, é irresponsável aumentar os orçamentos, que já estão em déficit profundo. No entanto, as pessoas estão exigindo justiça social, e com razão. Então, o que os governos devem fazer?

Primeiro, é importante ter em mente que, como disse Einstein: "Os problemas significativos que enfrentamos não podem ser resolvidos no mesmo nível de pensamento que foi usado quando os criamos."[80]

Boaz Schwartz, CEO da delegação do Deutsche Bank em Israel, disse em uma palestra especial convocada pelo jornal financeiro israelense, Globes, "Nós não devemos subestimar as intensas emoções sociais que estamos vendo. Estas emoções terão repercussões enormes nos próximos anos. Devemos nos preparar para um mundo de conceitos sociais, de igualdade na partilha de receitas e preços diferentes ... Países que não conseguem ajustar-se de acordo vão encontrar-se em uma situação difícil; suas economias vão sofrer."[81]

Devemos também ter em mente que a economia reflete a natureza das nossas relações com os outros, o que é então "traduzido" em relações monetárias. A divisão de recursos na sociedade e na ideologia socioeconômica e em sua fundação deriva dos valores da sociedade e das relações entre seus membros. É por isso que a economia não é uma lei da natureza ou uma ciência exata como a física ou química.

É por isso que Joseph Stiglitz, ganhador do Prêmio Nobel de economia, disse no início de sua palestra no Encontro Laureate Lindau Nobel de Ciências Econômicas em 2011: "O teste de qualquer ciência é a previsão. E se você não pode prever algo tão importante como a crise financeira mundial ou a magnitude do que estamos passando, obviamente, algo está errado com o seu modelo."[82]

Da mesma forma, o governador do Banco de Israel e primeiro diretor o ex-vice-presidente do Fundo Monetário Internacional (FMI), Stanley Fischer, disse em uma entrevista em vídeo com o repórter da CNBC Economia Sênior, Steve Liesman, "Estamos em um território muito difícil. Este não é o lugar onde os livros de escola há cinco anos teriam esperado que estivéssemos... Você está operando sob condições extremas e os livros didáticos não estão completamente certos do que fazer nesses casos."[83]

Quando passamos para as mudanças sociais, comunicacionais e educacionais descritos no capítulo anterior,seremos capazes de construir um novo conceito, inclusive da economia, que se baseia na preocupação social e está em sintonia com as leis do novo mundo. Os processos de tomada de decisão e sua execução, a estrutura do sistema socioeconômico, as ligações entre os tomadores de decisão e aqueles que realizam essas decisões serão tomados com um senso de responsabilidade mútua.

Em outras palavras, a ordem correta das operações para garantir o nosso bem-estar sustentável começa com uma explicação sobre a necessidade de responsabilidade mútua, para a educação para viver no novo mundo. Os sistemas sociais e econômicos serão redefinidos e reconstruídos com base nessa necessidade. Nesse meio tempo, até que essas definições sejam fornecidas e a reconstrução executada, devemos conduzir as discussões do tipo mesa redonda, onde todos os participantes tenham o mesmo status, e, juntos, chegarem a um acordo sobre o tipo de assistência àqueles que são menos ricos necessitam para sustento básico.

Vamos pensar sobre como alcançar esse acordo por meio de mesas-redondas, mas, primeiro, é importante notar que tal divisão de recursos não será suficiente em si para garantir o nosso bem-estar. A preocupação com os outros o bem-estar dita que devemos dotar todas as pessoas com uma capacidade mínima para que possam ter uma vida respeitável. Esses recursos, juntamente com a formação em finanças pessoais (economia doméstica), nos permitirá avançar com o processo de cura da sociedade.

Alcançando um Acordo

Representantes de todas as facções da sociedade devem se reunir em mesas-redondas. Eles terão uma grande responsabilidade operacional como "cabeças" da família humana. Sem a sensação de que toda a humanidade é uma única família, os representantes na mesa não conseguirão chegar a decisões justas.

Outra condição necessária para o sucesso das discussões será a transparência. Todas as deliberações devem ser transmitidas ao vivo, incluindo as brigas, disputas, e os rígidos processos de tomada de decisão. Tudo deve se desenrolar diante dos olhos de todo o mundo. Em certo sentido, será um novo tipo de reality show, mas uma cujas consequências afetarão a todos e cada um de nós, todos os membros da família humana. E, assim como um reality show, os telespectadores terão uma palavra a dizer nas decisões finais.

Em nossa realidade atual, os telespectadores, todos nós, também estaremos sentados à mesa. As pessoas vão ter que decidir sobre as prioridades. Este será um processo prolongado que vai exigir a participação e envolvimento de todos. É claro que não será um simples exercício, mas porque estamos reconstruindo nossa sociedade a partir do zero, não haverá outro caminho. Só quando se inclui toda a família humana nas decisões é que vamos ser capazes de nos considerar uma verdadeira família.

Estudos indicam que quando se está envolvido no processo de tomada de decisão, a sua intervenção invoca uma atitude positiva e carinho para com esse processo, em qualquer decisão que seja alcançada. Em outras palavras, mesmo quando os benefícios finais da decisão, outros setores da sociedade antes do nosso próprio, as pessoas que estavam envolvidas na tomada de decisão que são suscetíveis a apoiá-lo, mesmo que inicialmente não o aprove.[84] Assim, a sensação de que os cidadãos estão sendo ignorados pelos tomadores de decisão, que estão sujeitos à pressão de lobistas, será substituída por um sentimento de solidariedade social e de confiança.

Na verdade, o modus operandi da mesa redonda deve ser o modo da ação em todas as decisões. Deve tornar-se parte do paradigma de gestão da sociedade e do Estado. No curso de nossas vidas, muitas vezes, têm discussões frequentes sobre nossos problemas, pesando-os, classificando-os, priorizando-os e, juntos, decidir sobre como resolvê-los. A mesa redonda é um meio perfeito para nos ensinar como se tornar verdadeiramente uma única família.

No entanto, e isto é importante, ver cada um , nos níveis de cidade, estado ou mundo, como uma única família não significa que devamos desistir de nossos pontos de vista. Ao contrário, todos os pontos de vista e abordagens têm mérito. O reconhecimento de que nós somos todos uma família, dita que entender os outros, com diferentes pontos de vista também têm um lugar na família. Mas mais do que isso, devemos considerar diferentes pontos de vista como uma constante fonte de enriquecimento. Eles fornecem novas perspectivas, novas abordagens para a resolução de problemas, e novas informações que não chegariam ao conhecimento caso não houvessem pontos de vista diferentes dos nossos.

Aumentar o valor do benefício público vai ajudar cada um de nós a abrir mão de nossos próprios pontos de vista, quando necessário. Uma vez que apresentamos nossos pontos de vista, e depois reconhecemos que o ponto de vista de outra pessoa serve melhor ao interesse público, vamos aceitar que outro ponto de vista. Assim como em uma família, o interesse coletivo se sobrepõe a tudo.

Na verdade, por que não pode o mundo ser como uma família? Não é este o verdadeiro significado da justiça social? Existe alguma outra forma de alcançar e sustentar isso?

O início desta nova visão de mundo provavelmente não será fácil. Diferenças e obstáculos são esperados. No entanto, ao vermos o processo como meio de alcançar um verdadeiro consenso, vamos aprender que uma discussão aberta nos permite trabalhar as nossas diferenças e alcançar um amplo acordo. Na verdade, a mesa redonda não é meramente uma noção de discussão aberta entre os pares iguais. É também um processo educacional em níveis nacionais e internacionais de alcance sem precedentes.

Os Benefícios da Responsabilidade Mútua

Como explicado acima, o novo mundo exige que adotemos a abordagem de responsabilidade mútua. À primeira vista, a responsabilidade mútua pode parecer uma noção ingênua, impraticável na vida real. No entanto, a implementação da abordagem de responsabilidade mútua tem implicações muito reais na sociedade e na economia. Abaixo, vamos observar três das implicações mais óbvias: um clima social positivo, os excedentes aumentam, e os custos de vida se reduzem. Você vai encontrar uma explicação detalhada das implicações favoráveis da economia de responsabilidade mútua, no Apêndice, "Benefícios da Nova Economia"."

1. **Um clima social positivo:** o engajamento em valores sociais positivos criará uma atmosfera positiva, que é obrigatória para qualquer crescimento. Um novo espírito vai encher o ar, e o coração será preenchido com a esperança de um futuro mais brilhante, melhor. Em uma sociedade que incentiva valores como a solidariedade e a consideração mútua, um sentido de genuína confiança entre nós gradualmente se formará. Essa sensação não depende de riqueza pessoal, mas sim em saber que outros se preocupam conosco. Apenas em um ambiente tão favorável seremos capazes de parar de ter medo de estarmos sendo usados, ou que os outros estão "lá fora para nos pegar." Com medo e ansiedade pelo nosso futuro e de nossos filhos, mas tudo isso já passou, assim seremos capazes de realmente crescer e prosperar.

2. **Aumento dos excedentes:**A responsabilidade mútua vai aumentar os excedentes.Pense em quantas "coisas" temos em casa, que não precisamos.

Quando a pessoa, empresa, prefeitura e governo se sentem parte de uma "família" coletiva, um enorme excedente de comida, bens e serviços virão à tona. Estes podem ser transferidos para uso de outros e os excedentes monetários poderão ser usados para cobrir as demandas atuais. O que aliviará significativamente a necessidade de aumentar orçamentos e impostos.

Outro ponto é que os municípios não irão exigir fundos públicos, pois a mentalidade de "eu tenho que cuidar dos meus interesses porque ninguém mais cuidará por mim" será obsoleta, uma vez que todos se sentirão responsáveis pelo bem-estar dos demais. Assim, os municípios não pedirão mais do que aquilo que precisam e não manterão reservas em "cantos escuros" do orçamento através de contas fantasmas. Em vez disso, eles irão refletir sobre como ajudar uns aos outros fazendo assim que vastos recursos fiquem disponíveis imediatamente.

3.   **Reduzindo o custo de vida:** Hoje, o preço de bens e serviços é determinado pelas empresas que desejam maximizar seus próprios lucros. A elevação da importância da garantia mútua no discurso público levará estas empresas a serem mais atenciosas com o interesse público, e isso fará com que os preços caiam para todos.
Se o reconhecimento público for retirado daqueles que fazem mais dinheiro e for

redirecionado para quem contribuiu mais para a sociedade, a direção natural para aprovação levará as empresas a adotarem mais comportamentos pró- sociais.

Em sua história, "Porque Fazer o Bem é Bom para as Empresas","[85] Reichard McGill Murphy, colaborador da CNN *Money*, menciona o caso da empresa gigante farmacêutica Pfizer distribuindo remédios. Esta história demonstra o efeito positivo que uma aprovação ou reprovação pública pode ter em um negócio. De acordo com McGill Murphy, "como o desemprego chegou perto de 10% no ano passado [2009], a gigante farmacêutica Pfizer decidiu fazer uma boa ação. Para clientes que tinham perdido os seus empregos durante 2009 e, não tinham como comprar suas receitas, a Pfizer forneceria 70 de seus renomados medicamentos... gratuitamente por até um ano. Para uma empresa, cuja reputação havia sofrido algumas máculas, incluindo US$ 2,30 bilhões em multas no ano anterior devido à propaganda indevida de drogas para médicos, o programa "receita grátis" valeu o custo. 'Fizemos isso porque nós pensamos que era a coisa certa a fazer'. Diz o Diretor Executivo da Pfizer Jeffrey Kindler. 'Mas foi inspirador para nossos funcionários e teve uma grande resposta dos clientes. A longo prazo vai ajudar o nosso negócio.'"

Tudo o que foi dito acima mostra que a garantia mútua não é uma noção abstrata, mas um conceito muito prático que produz benefícios substanciais para todos. A garantia mútua cria um valor econômico e social e é a chave para os nossos problemas em termos social, econômico e político.

Quando houver evidência de desigualdade, crescerá a demanda por justiça social. Nossos egos nunca permitirão que nos sintamos inferiores a outros, desrespeitados, degradados ou desvalorizados. Tais sentimentos não podem ser dissolvidos apenas com dinheiro; isto exige uma abordagem mais inclusiva e humana. Se nós não podemos construir uma sociedade onde todos sejam igualmente importantes, onde todos genuinamente ouçam uns aos outros e cuidem um dos outros, onde todos tenham verdadeiramente oportunidades iguais de terem uma vida digna, o ressentimento interior explodirá como os sangrentos exemplos da "Primavera Árabe" demonstraram.

Nosso futuro está na ponta de uma estaca e a solução encontra-se na mudança de nossos valores sociais e na melhora do relacionamento de cada um de nós, quer seja no nível pessoal ou entre cidadãos e o estado. A abordagem de garantia mútua nos levará a verdadeira justiça social e por isso ela é a chave da nossa sustentabilidade e prosperidade. A garantia mútua não nos trará apenas segurança econômica e financeira, como também restaurará nossa confiança na vida, a paz interior e a felicidade que permaneceu ausento de nosso mundo por tantas décadas.

Parte Dois

Construindo Uma Nova Sociedade – Pontos a Considerar

Uma recapitulação e novas perspectivas sobre os princípios apresentados na Parte Um

Crise e
Oportunidade

Novas Leis

Imagine-se dirigindo seu carro quando de repente ele começa a falhar o motor e tremer. A princípio, é apenas um sistema que falhou, mas então outra e mais outra falha se seguem. Não se trata de que o carro tenha parado totalmente. Os sistemas principais, tais como o motor e as engrenagens ainda estão funcionando. Mas as luzes acendem e apagam intermitentemente e o carro dá um tranco e para. Em seguida, milagrosamente, o dispositivo que estava falhando volta a funcionar.

Sim, você ainda está se movendo, mas as chances de que você continue seguindo muito mais diante não são boas. Se isto acontecesse com você, o que você faria?

Da mesma forma, muito de nosso mundo está gradualmente se tornando disfuncional. Há colapsos em toda -

parte, mas nós estamos corajosamente protelando, a despeito dos alertas dos especialistas. Dizem-nos que, no atual estado das coisas, devemos fazer uma revisão geral, ou toda a máquina da humanidade sofrerá uma paralisação completa, a um custo enorme. Se a economia continuar a deteriorar-se, quase 50 milhões de americanos vivendo de vale-refeição vão se multiplicar muitas vezes e muitos outros vão sofrer de fome de verdade em todo o mundo e não apenas nos países mais pobres, como vemos hoje.

A crise que assola o mundo é a realidade nos informando que nós não estamos conduzindo o problema corretamente. Nós construímos um sistema de bancos, indústria e relações internacionais que ficaram fora de nosso controle. Estamos aprendendo que os princípios keynesianos de interesses incorporados e a mão invisível não mantém nosso egoísmo em cheque. Como um câncer se espalhando, estamos destruindo nosso planeta, assim como nossa sociedade.

Não Temos Para Onde Correr

Em uma crise econômica global, cada país tende a pensar, "Como seria bom se pudéssemos nos separar do resto do mundo, ter todas as nossas necessidades, para sustentar nossos cidadãos, providas por nós mesmo e sermos completamente autossuficientes exatamente como éramos centenas de anos atrás? Por que não podemos voltar atrás, definir tarifas elevadas para impedir a importação, comercializar com outros países apenas onde somos totalmente incapazes de produzir para nós mesmos e congelar todas as parcerias de negócios com empresas estrangeiras? Sim, o padrão de vida pode cair, mas seríamos menos dependente dos outros."

Não entendemos que não há nenhuma maneira de voltar atrás com a globalização. Nós não podemos nos separar do resto do mundo. A globalização e a interdependência estão aqui ficar. Isolar-nos seria como cortar um órgão de um organismo vivo, a fim de se salvar de uma doença que está afligindo o resto do organismo. Se você cortar um dedo, ele iria sobreviver sem o corpo de onde ele veio?

Um Bumerangue

À primeira vista, a garantia mútua pode parecer um conceito utópico, muito ingênuo para trabalhar em nosso mundo egocêntrico. Mas, na verdade, vida agora está nos obrigando a adotá-lo!

Ao longo da história temos progredido, agindo através de mecanismos que surgiram dentro de nós. Constantemente, sentimos a necessidade de fazer algo, para mudar o "status quo". Nós travamos guerras, lutamos em revoluções e nos rebelamos. Temos avançado e crescido através de lutas e conflitos, mas o preço que pagamos foi a destruição.

Hoje, quando nos tornamos interdependentes, guerras e lutas não vão resolver nossos problemas. A força bruta não pode consertar o mundo. Um mundo conectado não pode ser dirigido com uma mentalidade egoísta propagada pela opressão e por governo autoritário. A regra é simples: se somos interdependentes, o que uma pessoa faz para os outros retorna como um bumerangue tão forte e poderosamente como veio. Se entendermos que todos os sistemas conectados funcionam desta forma, nós teremos sucesso.

Aceleração Exponencial

O tempo parece estar se compactando. No século XX, a humanidade experimentou mais do que ela tinha experimentado em toda a história humana precedente. O século XXI começou recentemente, e muita coisa já aconteceu.

Estamos vivendo em tempos exponenciais e o ritmo de vida está se acelerando em conformidade. Embora haja momentos mais e menos agitados, a tendência é inconfundível. O ritmo da mudança é evidente em toda parte — podemos mudar de trabalho com mais frequência (supondo que temos um), podemos mudar de cônjuge com mais frequência (supondo que temos um), e podemos mudar de casa mais frequentemente (novamente, supondo que temos uma).

Mas, onde o ritmo da mudança é mais evidente é na área tecnológica. Olhe para seu telefone celular e compare-o com os telefones que estávamos usando há apenas 40 anos. Se você considerar que um celular mediano de hoje é milhares de vezes mais poderoso do que o computador da Apollo 11 — que pousou a nave na Lua — é fácil ver quão rápida e radicalmente estamos mudando.

Uma Solução Comum

As múltiplas crises que a humanidade enfrenta indicam que precisamos adotar uma abordagem inclusiva para resolvê-las. Em um mundo interconectado, não existe esta coisa de problema local. A necessidade de soluções que favoreçam toda a humanidade será tomada por deliberação consistente entre representantes de todos os países como iguais. Cada lado apresentaria o problema que considera urgente e então todo problema seria avaliado para ver em que ordem ele seria colocado. Apenas através da deliberação no espírito de nossa conexão em rede global encontraremos o caminho certo para resolver estes problemas.

A alternativa à deliberação é muito menos atraente: Guerra.

Por que a União?

Muitos especialistas já entendem que é impossível para qualquer país superar a crise global por conta própria. No entanto, o curso da evolução da Natureza, como explicado no capítulo 2, levanta outro ponto: a cooperação e a colaboração devem ser realizadas não só porque nenhum país pode resolver a crise sozinho, mas porque este é o curso de toda a evolução. Esta crise é uma oportunidade de descobrir isto e nos unir como um único organismo, assim como toda a Natureza faz, naturalmente.

Desenvolvimento
Natural

A Natureza não Tolera o Desequilíbrio

A Natureza não tolera o desequilíbrio. O calor move-se do mais quente para o mais frio até mesmo a temperatura; a pressão do ar é equilibrada pelo vento; água flui para o terreno mais baixo, até se equilibrar com o nível mais elevado do qual ela fluiu. Em todo lugar, em cada fenômeno, a Natureza busca equilíbrio.

Outro exemplo é o mecanismo de controle de temperatura do nosso corpo: os receptores de temperatura estão dispersos por todo o corpo humano e informa o centro de processamento de informações no cérebro (hipotálamo) sobre qualquer mudança na atmosfera circundante. O cérebro envia ordens para os efetores, como glândulas sudoríparas e os músculos, que secretam o suor, contracm-sc, ou trcmcm, mantendo assim a temperatura do corpo. Desta forma, o corpo equilibra o calor que ele gera, com o calor que ele perde, mantendo a temperatura corporal em uma constante de 37 ° C (98,6 ° F).

O imperativo da natureza para manter tudo em equilíbrio está começando a afetar a humanidade. A agitação e protestos que vemos em todo o mundo são expressões de nossa necessidade por equilíbrio no nível humano. Ainda que sejamos todos diferentes enquanto indivíduos, o critério de equilíbrio é o mesmo para todos nós: devemos nos apoiar uns aos outros; não há nenhuma outra maneira. Se concordarmos ou não, a Natureza vai ganhar e temos que nos adequar. A única questão é a que custo.

Os Benefícios da União

Atualmente, tudo o que fazemos requer energia e esforço de nossa parte. Se estivermos em equilíbrio, nós quase não precisamos fazer qualquer esforço para obter qualquer coisa. Em vez disso, estamos em um estado de paz, aonde em qualquer lugar que vamos, todo mundo está pronto para nos ajudar com qualquer coisa que precisamos. De nosso lado, nós estamos prontos para retribuir. Tudo flui facilmente, despendemos muito menos energia e encontramos muito menos obstáculos.

Em todo reino da vida, estar em equilíbrio elimina a resistência. Isso se aplica às relações interpessoais, bem como qualquer coisa que produzimos na Natureza. Por meio da união entre nós, nós conduziremos toda a natureza a um equilíbrio inclusivo e nada faltará. Haverá abundância em todos os lugares.

A Fome Global Não é Uma Obrigação

Nosso planeta pode alimentar muito mais pessoas do que a população atual da Terra, desde que os homens não interfiram com a Natureza e desde que estejam unidos como órgãos em um único organismo.

Melhores que Brinquedos

O próximo passo na evolução não é uma nova espécie (apesar de que, também, pode acontecer). A nova etapa significativa da evolução é realmente uma mudança na consciência humana. Neste processo devemos gradualmente desenvolver nossa consciência e compreensão; temos que construir o mecanismo de análise-síntese da realidade. Nós devemos descobrir como é o funcionamento do nosso planeta, quem somos e qual deve ser a nossa abordagem na vida. Estamos vivendo em uma época especial. Se conseguirmos abrir nossos olhos, acalmar nossos corações e expandir a nossa consciência, nós seremos capazes de passar por esta fase com êxito, rapidez e facilidade.

Solidariedade Social

Por que eles ao invés de mim?

Além da demanda por uma divisão mais igualitária da riqueza, as pessoas se sentem amargas sobre quaisquer desigualdades, incluindo a falta de igualdade de oportunidades. No entanto, a verdade é que nenhuma divisão justa vai ser de ajuda até que tenhamos desenvolvido uma consciência social que ofereça suporte a garantia mútua. Favorecer um setor da população em detrimento a outra só irá aumentar a raiva e a amargura, entre outros setores. Sem a mentalidade de garantia mútua, as pessoas que não estiverem do lado da recepção sempre vão ter um ressentimento e vão se perguntar, "por que para eles e não para mim?"

O Que é a Responsabilidade Mútua?

A responsabilidade mútua é uma conexão recíproca, que requer que todos se considerem como se fossem parentes próximos.

Podemos achar difícil de acreditar que isso é possível, mas a evolução da sociedade humana vai nos levar a um estado onde vamos sentir todo o mundo dentro de nós, semelhante ao modo como sentimos nossos parentes. Vamos sentir quem entre nossos parentes precisa de ajuda e que tipo de ajuda que eles precisam — se as preocupações são com pais idosos, crianças pequenas, despesas inesperadas e pagamentos, problemas de saúde, etc.. Naturalmente, priorizamos as necessidades da nossa família de acordo com a urgência. Negligenciaríamos um avô doente? Não, se somos uma família normal. O senso de responsabilidade, de garantia mútua nos obriga a ser assim. É desta forma que temos de abordar as nossas relações com o resto da humanidade.

O Que é Igualdade?

A igualdade é um estado em que cada um de nós possui igualdade de oportunidades e possibilidades pessoais para uma auto expressão construtiva no sistema coletivo — para dar e receber, para estar equilibrada com o resto da humanidade. Por exemplo, o coração é igual para os pulmões; os pulmões são iguais para o fígado; o fígado é igual para os rins, que são iguais para as pernas, que são iguais para as mãos...

No que são eles iguais? Todos eles operam em reciprocidade para benefício do corpo. No entanto, cada parte do corpo se concentra em diferentes funções necessárias para o bem-estar de todo o corpo. Isso é o que nos mantém (o organismo) vivo e saudável.

Da mesma forma, se uma pessoa pertence a uma parte da humanidade, isto não a faz algo menos digno do que a outra pessoa de outra parte. Parafraseando, eu posso pertencer ao "coração" da humanidade e outra pessoa pode pertencer ao "cérebro" da humanidade, ou ao "fígado" da humanidade. Estas são as condições em que nascemos e que foram predeterminadas para nós. Mas, para manter a saúde e o bem-estar da humanidade, temos que trabalhar juntos como iguais *no lugar onde fomos posicionados* e não nos considerar como superior ou inferior, porque nós fomos posicionados em um lugar e não em outro.

Todos nós nascemos de famílias diferentes, com diferentes genes e formação diferente. Nossas visões de mundo podem ser muito diferentes e podemos também sentir diferentes uns dos outros. Mas se cada um de nós se sente em harmonia com os outros, alcançaremos a igualdade.

O Carregador, o Nerd e a Igualdade

Vamos supor que temos duas pessoas: uma delas é um enorme carregador de mudança de 1,95 metros que trabalha 12 horas por dia, e o outro é um nerd de computador magricela de 1,55 metros. O carregador ganha $15,00 por uma hora com gorjetas e o nerd, cujos móveis ele está mudando hoje, ganha $150 por hora, além de bônus e opções. Isto é justo?

Ao primeiro foi dado força, ao outro foi dado cérebro. Ambos usam o que lhes foram dados pela natureza com igual diligência, então por que deveria um ganhar mais do que o outro? Ambos contribuem o que podem e o que fazem melhor para a sociedade, assim, em sua contribuição, eles são iguais? Por que isto não se aplica aos seus salários?

Vamos mudar um pouco a descrição. E agora se o carregador e o nerd fossem irmãos? O nerd ainda estaria alheio à dificuldade financeira de seu irmão? Melhor ainda, se o nerd fosse pai do carregador? Ele deixaria seu filho ir com fome ou sem dinheiro, só porque ele não tem o cérebro de seu pai, mas um corpo volumoso em vez disso?

Hoje, a mentalidade de que somos todos iguais quando empregamos esforços iguais é a única que pode manter intacta a nossa sociedade. O caminho em direção a essa mentalidade é reeducando-nos consistentemente até absorvermos a realidade de que somos todos realmente parentes. Uma vez que colocamos a garantia mútua no topo da nossa lista de prioridades, vamos descobrir que o mundo de repente se tornou um lugar onde a vida pode realmente ser tranquila e alegre.

Uma Nova Escada Social

O que pode nos fazer seres humanos naturalmente egocêntricos, colocar o benefício do público acima de nossos próprios? Apenas a influência do ambiente! Portanto, temos de mudar nossos valores sociais para que as pessoas sejam apreciadas por sua contribuição à sociedade, e não de acordo com o tamanho de suas contas bancárias. Quando a vida será boa neste planeta? Isso vai acontecer quando todos pensarmos não em nós mesmos primeiro, mas depois de todos os outros.

Apêndice

Publicações Anteriores do Instituto ARI

Nós, Nós, Nós

Que estamos no meio de uma "crise global" não se questiona. Como também há ampla evidência de que o termo "globalização" abrange muito mais do que a correlação entre os mercados financeiros globais, um significado mais preciso do termo deveria abordar a natureza interconexão da sociedade como um todo. Nós somos "globais" não apenas no sentido financeiro, mas também, se não principalmente, no campo social, se não no sentido emocional.

Nossas emoções afetam as emoções de outras pessoas tão intensamente que eles podem começar uma manifestação social de um país após outro, passando de um ponto para o próximo através dos fios que conectam a Rede Mundial de Computadores.

A "Primavera Árabe" tem se expandido muito além do mundo árabe. Em cada país, as causas e as manifestações de protestos vestem uma "roupagem" diferente. No Egito, manifestações de massa derrubaram o governo. Na Síria, a resistência heroica do povo face à carnificina é um testemunho da profunda mudança espiritual que surgiu. Os cidadãos simplesmente não podem mais tolerar a tirania.

Em Israel, manifestações são pacíficas, mas de uma magnitude sem precedentes. Na manifestação que aconteceu no sábado, 6 de agosto de 2011, 300 mil pessoas participaram; aproximadamente um em cada 22 israelenses. Se um em cada 22 americanos participasse de uma manifestação, isto exigiria espaço para cerca de 14 milhões de pessoas.

Na Espanha, acampamentos de manifestantes ficaram montados por meses, sem a dispersão dos moradores do acampamento, nem solução à vista. No Reino Unido, violentos tumultos eclodiram que aparentemente confundiram o primeiro-ministro David Cameron, que foi pego desprevenido de férias na Itália. Até o Chile agora está no mapa de protesto com manifestações estudantis violentas. De acordo com um relatório do CNN, 86 em agosto de 2011, "mais de 60.000 [alunos] manifestantes protestaram em Santiago."

Iêmen, Líbia e muitos outros países estão na lista dos países onde a agitação entrou em erupção, ou estão prestes a ingressar nela.

Quando você analisa as crises em cada país, é fácil ver que as injustiças sociais, econômicas e políticas estão na parte interior de todos eles. No entanto, esses problemas não são nada novos. Eles atormentam a humanidade há centenas de anos. Por que, então, todos estão protestando especificamente agora e por que todos estão protestando *simultaneamente?*

As respostas encontram-se na estrutura e na evolução da natureza humana. Como Jean M. Twenge e W. Keith Campbell, belamente ilustraram em *The Narcissism Epidemic: Living in the Age of Entitlement (A Epidemia de Nacisismo: Vivendo na Era do Direito (Free Press, 2009)*, as pessoas hoje não são apenas narcisista e egocêntricas, mas estão se tornando mais e mais assim em um ritmo alarmante.

Como narcisistas, nós nos colocamos no centro de tudo e "classificamos" todos os outros de acordo com os benefícios que eles podem nos trazer. Conectamo-nos ao mundo através das lentes do direito próprio. No entanto, é precisamente desta forma que *não deve* funcionar se quisermos ter sucesso na era da globalização, quando o mundo está interligado e interdependente. Para ter sucesso, temos que querer beneficiar aqueles a quem estamos ligados tanto quanto queremos beneficiar a nós mesmos. Se estivermos conectados e dependentes uns dos outros, então se eles estão felizes, então nós também estaremos. E se outros estão infelizes, nós, também, ficaremos infelizes como demonstrado por Nicholas A. Christakis, MD, PhD e James H. Fowler, PhD, em *Connected: O Surpreendente Poder de Nossas Redes Sociais e Como Elas Formam Nossas Vidas – Como Seus Amigos Dos Amigos Dos Amigos Afetam Tudo Que Você Sente, Pensa e Faz.*

A solução, portanto, encontra-se em mudar nosso ponto de vista de direito próprio para direito social, colocando em primeiro lugar nossa sociedade e nossos egos depois, para que eventualmente nos beneficiamos a nós mesmos.

Em termos práticos, esta solução implica em três objetivos:

1. Garantir as provisões necessárias para todos os membros da sociedade.

2. Garantir a continuidade das referidas provisões incutindo valores sociais na sociedade, utilizando os meios de comunicação e internet, com foco nas redes sociais.

3. Utilizar nosso trabalho pró-social para o desenvolvimento pessoal para que possamos realizar plenamente o potencial que existe dentro de cada um de nós.

Parra Alcançar o Objetivo 1Goal 1, uma palestra com governantes , economistas e sociólogos representando todas as nações , deve ser marcada para criar um plano para estabelecer uma economia justa e sustentável. Note que o termo "justo" não se refere a distribuição igual de fundos ou recursos (naturais ou humanos). Ao contrário em uma economia justa nenhuma pessoa fica sem ser cuidada. Assim, uma criança faminta no Quênia pode não precisar do ultimo modelo do iPhone, mas sem dúvida tem direito a uma nutrição adequada, um teto sobre sua cabeça, educação adequada e um sistema de saúde adequado.

Por outro lado, uma criança de idade semelhante na Noruega já pode ter o mais recente iPhone, mas ainda se sente miserável a ponto de tirar sua própria vida, ou pior ainda, a vida de outros, como os recentes acontecimentos ocorridos naquele país.87 O sofrimento nos dois casos é muito diferente, mas igualmente agudo, e ambos devem ser tratados pelo painel, mantendo em mente que, como o ganhador do Prêmio Nobel de 2008 e o colunista do York Times , Paul Krugman, said, "Estamos todos no mesmo barco."

Para atingir o **Objetivo 2** precisamos de uma mudança de mentalidade. Uma vez que a mídia determina a agenda pública, deve ser a mídia que deve liderar o caminho no sentido de aniquilar o egocentrismo. No lugar da atitude atual de "Eu, eu, eu" propagada pela mídia durante as diversas décadas passadas, seus novos lemas devem ser "Nós, nós, nós", "garantia mútua" e "um por todos e todos por um". Se a mídia divulgar os benefícios da garantia mútua e os danos que a abordagem narcisista gera, iremos naturalmente gravitar em direção a partilha e a gentileza e não mais em direção a desconfiança e o isolamento. Se os comerciais, telejornais e entrevistas começarem a mostrar admiração por personalidades altruístas, todos nós começaremos a querer doar, assim como hoje, quando a mídia mostra reverência aos ricos e poderosos, nós queremos ser ricos e poderosos também.

Tal mentalidade irá garantir que nossa sociedade se mantenha justa e tolerante com todas as pessoas, ao mesmo tempo em que todas as pessoas contribuam *voluntariamente* para esta sociedade. Além disso, muitas das agências de regulação e controle, tais como a polícia, o exército e reguladores financeiros ou irão tornar-se obsoletos ou exigirão uma fração dos recursos humanos e financeiros exigem atualmente. Consequentemente, esses recursos serão direcionados para melhorar nossas vidas diárias, e não apenas para mantê-los relativamente seguro, com diminuição de sucesso.

Em tal atmosfera encorajadora e pró-social, o **Objetivo 3**, "Usando nosso trabalho pró-social para o auto desenvolvimento," será um desdobramento natural. A sociedade vai incentivar, se empenhar e se esforçar para garantir que cada um de nós desenvolva seu potencial pessoal ao máximo, porque quando esse potencial for usado para o bem comum, a sociedade irá beneficiar. Além disso, ao libertar-nos da necessidade de proteger-nos contra um ambiente hostil, um tesouro repleto de novas energias irão se prestar a nossa realização pessoal. O resultado será a eliminação da depressão e de todos os males relacionados a ela e será melhorada dramaticamente a satisfação pela vida.

Depois de alguns meses de vida em uma sociedade de mentalidade orientada, nós ficaremos perplexos em como podíamos pensar que o interesse próprio era uma boa ideia. O evidente sucesso e a felicidade de tal sociedade produzirá cada vez mais motivação para promover e fortalecer a si mesma, criando assim um movimento perpétuo em favor da sociedade e ao mesmo tempo, em favor de cada um dos seus membros sem negligenciar um único deles.

Em nossa realidade globalizada, apenas uma forma de governo que considere a felicidade e o bem-estar de *todas* as pessoas do mundo *igualmente importante* pode revelar-se sustentável e bem sucedida.

O Caminho Para a
Justiça Social

Em todo o mundo, nações e povos estão despertando, exigindo que seus governos as escutem, reconheçam a sua dor e resolvam seus problemas. O alvoroço não é apenas sobre o alimento ou os preços da habitação. Em sua base trata-se de uma demanda firme por justiça social.

No entanto, a justiça social é uma meta distante. Com tantos setores da sociedade afetados pela inflação, desemprego e falta de educação, a justiça para uma pessoa pode muito bem levar a injustiça para outra pessoa. Na atual estrutura da sociedade, qualquer que seja a solução encontrada, ela só irá perpetuar, se não agravar, a injustiça atual, causando desilusão generalizada, o que poderia provocar mais violência ou mesmo a guerra.

Assim, a solução para a demanda por justiça social deve envolver *todas as partes da sociedade*, nenhuma excluída. A "Primavera das Nações" de 2011 prova que o mundo mudou fundamentalmente. A humanidade tornou-se uma entidade única e global. Como tal, exige que reconheçamos cada parte dela – das nações e dos indivíduos – como dignas em seus próprios direitos. As nações não mais toleram a ocupação, e as pessoas não toleram mais a opressão.

Se compararmos a humanidade a um corpo humano, que contém numerosos órgãos de funções diferentes, nenhum órgão é redundante. Cada órgão tanto contribui com o que deve para o corpo e recebe o que precisa.

Da mesma forma, a abordagem para resolver a agitação em todo o mundo deve incluir todas as partes da sociedade. As palavras-chaves para todas as negociações envolvendo os manifestantes e funcionários do governo devem ser "deliberação reflexiva". As negociações devem basear-se na premissa de que as demandas de todas as partes têm mérito e devem ser tratadas com respeito. Ainda, porque muitas partes têm exigências legítimas, todas as partes devem levar em consideração as demandas das outras partes, também.

Em tais deliberações não há "o lado bom" e o "lado mal". Existem pessoas com necessidades genuínas e legítimas, compartilhando seus problemas uns com os outros, tentando encontrar uma solução *digna* e aceitável para todos.

Pense em uma amável família numerosa. Todos os componentes desta família têm suas necessidades: O Avô precisa de seus remédios, o Papai precisa de um novo terno para ir ao seu novo emprego, a Mamãe precisa participar das aulas de Yoga e o irmão Bem acaba de ser aceito em um cara faculdade. Então a família se reúne para uma reunião de família, mais ou menos como um dia de Ação de Graças, porém sem o peru. Os membros da família conversam a respeito dos rendimentos, discutem sobre as prioridades, compartilham suas necessidades, há um bate-boca por um momento e riem muito. E no final eles sabem o que é necessário e o que não é, quem irá conseguir o que precisa imediatamente e quem conseguirá, apenas mais tarde. Mas uma vez que são uma família, conectados pelo amor, aqueles que terão que esperar concordam com isto porque afinal, eles são uma família.

Em muitos aspectos a globalização e o crescimento da interdependência tornou a humanidade em uma família de tamanho gigante. Agora nós só precisamos aprender como trabalhar como tal. Se pensarmos sobre isso, uma grande família é sempre mais segura do que estar sozinho, desde que ela funcione como uma família amorosa.

Além disso, devemos ter em mente que, em quase todos os países, os governos estão lutando contra uma montanha de dívidas e déficits. Não há recursos suficientes para seguir assim, mas certamente existem recursos suficientes para permitir uma vida respeitável para todos, se apenas reconhecermos as necessidades uns dos outros. Portanto, a "forma da grande família" é o melhor conceito para garantir que a justiça social eventualmente seja alcançada. Assim como em uma família, a ideia é não quebrar o sistema, mas ajustá-lo para atender às necessidades das pessoas, ao invés de atender aos desejos dos vários grupos de pressão.

O Rei Arthur tinha uma távola redonda em torno da qual ele e seus cavaleiros se reuniam. Como o seu nome sugere, a mesa não tinha cabeceira, implicando que todos que sentavam a ela possuíam o mesmo status. Da mesma maneira, governantes e cidadãos precisam entender que não outra forma de resolver os problemas sociais se não sentarem-se a mesma mesa redonda (metaforicamente se não fisicamente).

Precisamos nos lembrar de que somos todos mutuamente responsáveis um pelo outro e que somos interdependentes, como uma família. Os problemas que parecem nos atacar em cada esquina, não são causas, mas sim *sintomas* de nosso verdadeiro problema: a falta de solidariedade e de responsabilidade mútua um pelo outro. Por isso, é de suma importância que consigamos resolvê-los através do chamado "espírito da távola redonda".

Ao resolvermos estes problemas cada um ao seu tempo, gradualmente construiremos uma sociedade governada pela garantia mútua. Na verdade, a mentalidade da garantia mútua é a verdadeira razão por estarmos enfrentando estes problemas. Uma vez alcançada a responsabilidade mútua, os problemas passarão como o vento.

Em Direção Ao Comprometimento

Porque compartilhar responsabilidades face aos desafios do
mundo é a chave para resolvê-los em um mundo interdependente

A despeito de décadas de inimagináveis esforços, recursos e planejamento por parte das Nações Unidas para erradicar a desigualdade, a exploração e a falta de condições básicas para uma vida sustentável, estes problemas ainda aparecem como os principais desafios de muitos países. Ao redor do mundo, perto de 1,4 bilhão de pessoas estão vivendo com menos do que US$ 2,00 por dia, enquanto que, US$ 5,2 bilhões em alimentos são desperdiçados por ano, apenas na Austrália.

Jonathan Bloom, autor de *American Wasteland: Como a América Joga Fora Quase Metade de Sua Comida*, escreve que "mais de 40% dos alimentos produzidos para consumo é desperdiçado pelos americanos. O custo total dos alimentos desperdiçados gira em torno de um montante anual de mais de US$100 bilhões." Pior ainda, a distância entre quem tem e quem não tem, continua a aumentar.

Por décadas os esforços das nações em desenvolvimento em buscar ajuda por alimentos, saúde e tecnologia dos países mais desenvolvidos encontraram resultados altamente inadequados. Até hoje não há outra escolha. Afinal de contas o nome do jogo era "Os Vencedores Levam Tudo."

A distância não está apenas entre os países, mas também dentro deles. A sensação de privação causa tanto a tensão nacional como a internacional e claramente, dada a crise global, a situação pode crescer drasticamente.

Mas agora o jogo mudou. A recente emergência da Primavera das Nações está ensinando a todos nós uma lição que devemos prestar atenção cuidadosamente: O mundo está conectado e você colhe o que planta. A globalização nos tornou a todos interdependentes e nenhuma nação pode explorar outras nações simplesmente porque é mais forte, ou ela vai pagar muito caro. Como podemos ver, os países que ontem pareciam inexpugnáveis estão se desmoronando hoje. Eles permanecem solventes somente pela compaixão das nações que, poucos anos atrás, eram tratadas como inferiores.

Na atual realidade globalizada, ou *todos* nós ganhamos ou *todos* nós perdemos, porque somos interdependentes. Quando um número suficiente de pessoas no mundo abrirem seus olhos para os efeitos da globalização e compartilhar responsabilidades, uma grande mudança irá começar. Nunca mais países e pessoas irão explorar uns aos outros; nunca mais consórcios monstros irão explorar dezenas de milhares de trabalhadores mal pagos ao redor do mundo; nunca mais crianças morrerão de fome ou de doenças que podem ser facilmente tratadas com antibióticos comuns, e nunca mais as mulheres serão abusadas por serem simplesmente mulheres. Na verdade, em um mundo onde as pessoas tem consciência de que seu próprio bem-estar depende do bem-estar dos outros, elas cuidarão dos outros, os quais cuidarão delas em retribuição.

Quando esta mudança começar, os termos tais como "primeiro mundo" e "terceiro mundo" cessarão de existir. Existirá apenas um mundo e as pessoas que vivem nele.

Conduzindo A Mudança

Para realizar o acima exposto, duas situações são de extrema importância: 1) primeiros socorros, 2) a educação.

Por "primeiros socorros", queremos dizer que devemos lançar uma campanha mundial para explicar por que, em uma realidade globalizada, o fornecimento insuficiente de alimentos e a falta de água potável são situações imperdoáveis que devem ser corrigidas imediatamente. É fácil mostrar que o custo de tais investimentos paga-se de volta com juros dentro de poucos anos. Países tais como a Índia, o Vietnã e a Indonésia servem como exemplos maravilhosos, apesar de todos os seus desafios ainda existentes.

Educação significa informar as pessoas da nova era de globalização, dependência mútua e responsabilidade partilhada, da qual todos nós fazemos parte. A recente crise financeira global e a série de revoltas ao redor do mundo são provas suficientes de que nós afetamos uns aos outros em todos os níveis da vida – econômico, social e até mesmo emocional (ver referência de Thomas Friedman, a "Globalização da Raiva"[88]).

No **Estágio Um** do processo educacional, as pessoas descobrirão que é inadmissível que mais de um bilhão de pessoas passam fome enquanto outro bilhão está jogando fora metade dos alimentos que compram e sofrem de obesidade. Uma vez que as necessidades básicas de vida estejam atendidas em todo o mundo, o **Estágio Dois** começará.

O **Estágio Dois** focará em reforçar a união e a solidariedade entre os indivíduos e entre as nações, congruente com a realidade atual interconectada.

Na natureza, a união, a reciprocidade e a responsabilidade mútua são pré-requisitos para a vida. Nenhum organismo sobrevive a menos que suas células operem em harmonia. Da mesma forma, nenhum ecossistema prospera se um de seus elementos for removido. Até recentemente, a humanidade era a única espécie que não seguia a lei de dependência mútua e reciprocidade. Cremos que a lei da natureza era "Sobrevivência do mais Apto." Mas agora estamos começando a perceber que nós, também, estamos sujeitos à interdependência e devemos jogar por essa regra, se quisermos sobreviver.

A Campanha

Para integrar as mensagens de responsabilidade mútua e interdependência, sugerimos o seguinte: declarar ano que vem, o qual a ONU intitulou, "O Ano das Cooperativas", como o ponto de partida para a mudança de mentalidade global em direção a urgente necessidade de compromisso mútuo a fim de manter a sociedade e a economia sustentável.

Os passos da Mudança

1) Nós devemos estabelecer um fórum internacional de cientistas (de ciências aplicadas bem como ciências sociais e humanas), artistas, pensadores, economistas, empresários bem sucedidos e celebridades sob os auspícios da ONU para declarar o início do Ano das Cooperativas. Nessa conferência, os participantes se comprometerão a empreender todos os esforços para erradicar a fome e a privação. Eles vão ser apoiados por seus países para elaborar uma

Campanha mundial para levar a conscientização sobre a globalização, a responsabilidade compartilhada e a interdependência.

2) No final do fórum, as equipes da ONU trabalharão com cada país para criar campanhas na mídia, programas escolares, placas de rua e outros meios de publicidade para promover os conceitos acima referidos. O objetivo da campanha será tornar a exploração dos outros uma ideia abominável e a ideia de partilha e gentileza louváveis – e, eventualmente, a segunda natureza para todos nós.

3) As equipes da ONU se reunirá regularmente na sede das Nações Unidas para reportar e sincronizar os seus procedimentos, promovendo assim o progresso global uniforme em direção a compreensão da responsabilidade mútua.

As reuniões das equipes serão transmitidas ao vivo para demonstrar transparência e reforçar a sua credibilidade. Mais importante será a oportunidade de mostrar o quão produtivo podemos ser quando trabalhamos em conjunto.

4) Países, consórcios e mesmo os indivíduos que se destacam em demonstrar solidariedade e responsabilidade partilhada serão louvados e glorificados, da mesma forma que estrelas de cinema e estrelas pop são admiradas hoje. Este será um poderoso incentivo para encorajar aqueles que se sobressaem a continuarem se sobressaindo e para aqueles que não, começarem a se esforçar.

5) A partir de vários experimentos sobre os efeitos do comportamento pró-social (como David W. Johnson e Roger T. Johnson, "Uma História de Sucesso:

História de Sucesso: Teoria da Interdependência Social e Aprendizagem Cooperativa"[89]), sabemos que normalmente as aflições ocidentais, tais como depressão e abuso de drogas se dissolverão, quando a campanha ganhar força. Isto, por sua vez, vai liberar uma quantidade enorme e recursos humanos e financeiros para atender as outras necessidades da humanidade. As hostilidades internacionais também irão diminuir consideravelmente, mesmo que apenas por falta de apoio moral e financeiro dos adversários.

Em um mundo interdependente, é no mínimo imprudente guerrear, e isto ficará claro para todos.

Nós do ARI Research temos anos de experiência em colaborações internacionais, trabalho em rede e circulação de ideias. Nós temos um sistema online de transmissão gratuita com tradução simultânea em oito línguas e nós podemos produzir materiais em textos ou vídeos quase que em tempo real.

Nós já estamos colaborando com a UNESCO no quesito educação global e oferecemos nossos serviços e facilidades de graça às Nações Unidas na esperança de expandir nossa frutífera parceria.

Atualmente, a natureza exige de nós a união. Ao longo do tempo, esta demanda vai se intensificar até que todos nós entremos num consenso. Ao mesmo tempo, essa demanda é a chave para nosso sucesso na construção de uma realidade sustentável para nós e para nossos filhos. À luz de tudo isso, temos que nos unir; trabalhar juntos, e vamos conseguir.

Os Benefícios da Nova Economia

Uma economia equilibrada não é
apenas mandatória em uma realidade global
e integral, ela também beneficia a todos.

Pontos Chave

*   Uma economia baseada nos princípios da garantia mútua está congruente com as leis do sistema global-integral e, portanto, será estável e melhor proverá nossas razoáveis necessidades de sustento. Ela também nos permitirá ter tempo para realizarmos os nossos potenciais pessoais e sociais.

*   Uma economia sob a égide da garantia mútua tem muitas vantagens sociais e econômicas, tais como um nível de vida equitativo para todos, redução do custo de vida, transparência, uma maior "bolo econômico" para ser repartido e uma drástica redução das lacunas e desigualdade econômica.

*   A transição da atual economia egocêntrica, competitiva para uma economia equilibrada, funcional irá revelar muitos excedentes em dinheiro, bens e recursos que podem ser usados para o benefício público.

*   A transição para uma economia baseada em garantia mútua será gradual, mas desde o início uma dinâmica positiva de mudança e esperança será criada — um novo espírito, um sentido de coesão e confiança pessoal.

A Escalada da Crise na Europa e Estados Unidos

A crise econômica está se agravando rapidamente. Os Estados Unidos sofreram pela primeira vez na história uma queda em seu nível de crédito e a zona do Euro ameaça desmoronar por completo, ou alternadamente, face à insolvência da dívida soberana, o que iria abalar os mercados financeiros em todo o mundo. Ao mesmo tempo importantes economistas estão fazendo previsões pessimistas, tais como Nouriel Roubini, "Há uma probabilidade significativa de... que durante os próximos 12 meses, haverá outra recessão nas economias mais avançadas,"[90] ou Joseph E. Stiglitz's, "De certa forma, não só há uma crise na nossa economia, deve haver uma crise nas economias."[91]

A interdependência econômica entre os países torna impossível para eles se isolarem e resolverem seus problemas separadamente. Um exemplo disso é a tentativa de salvar a agonizante economia grega da Zona do Euro. O Ministro das Finanças Polonês, Jacek Rostowski, falando diante do Parlamento Europeu, advertiu que "a Europa está em perigo, e o colapso da Zona do Euro poderia levar a uma reação em cadeia levando a União Europeia (UE) a dissolução e, finalmente, para o retorno da guerra na Europa."[92] Além disso, a chanceler alemã Angela Merkel afirmou que "os líderes da região do Euro devem erigir um escudo por toda a Grécia para evitar uma cascata de ataques de mercado em outros Estados Europeus."[93]

Naturalmente, os investidores estão preocupados sobre o futuro da economia mundial. Durante as conversas no final de semana sobre política de mercado os investidores e banqueiros em Washington, PIOMCO o maior grupo investidor do mundo, previram, "Economias irão parar durante o próximo ano uma vez que a Europa caminha para a recessão."[94]

A respeito deste mesmo evento, o antigo Secretário do Tesouro Americano, Lawrence Summers, disse que ele foi durante 20 anos aos encontros do Fundo Monetário Internacional (FMI), e "Nunca houve uma reunião, na qual os assuntos tiveram tanta gravidade, e na qual eu ficasse tão preocupado com o futuro da economia global."

O desemprego na Europa e nos Estados Unidos está alto e continua crescendo. Por exemplo, a taxa de desemprego na Espanha subiu acentuadamente elevando a nova taxa da Zona do Euro para 21,3% no primeiro trimestre do ano, com um recorde de 4,9 milhões de pessoas sem trabalho. 95 Nos Estados Unidos, a taxa de desemprego é 8.6, com 13,30 milhões de pessoas sem trabalho. [96]

A Economia Precisa de Uma Reforma

O fracasso em resolver a crise mundial que começou em 2008 deixa perplexos os mais proeminentes economistas e expõe as limitações dos atuais paradigmas econômicos. A política monetária expansionista foi concebida para inverter o declínio e curar gradualmente a economia mundial, mas o inverso parece ter acontecido. Parece que "ferramentas" econômicas nas mãos dos operadores trataram somente dos sintomas da crise, em vez da própria crise.

O corte na taxa de juros, expansão dos orçamentos — destinado a impulsionar a indústria e o comércio — cortes nos impostos, reformas financeiras, interferência de bancos centrais nos mercados de ações e câmbios, todos falharam no propósito de revigorar a estagnada economia.

Para resolver a crise devemos primeiramente diagnosticar a raiz do problema e adotar uma solução que a corrija. Tratar apenas dos sintomas não resolve a crise em si, assim como indicado pelas ações emergenciais adotadas recentemente.

No coração da crise, a economia é uma expressão de como nos relacionamos uns com os outros. Na economia atual, nossa principal motivação é maximizar nossos lucros em um ambiente competitivo que perpetua em nós o sentimento de falta. Isso resulta em um empatado em zero a zero, aonde o ganho de uma pessoa significa o prejuízo de outra.

A solução para a crise econômica exige: primeiro uma mudança em nossos relacionamentos para aqueles com base na garantia mútua. Essa alteração será possível apenas através da criação de um ambiente colaborativo, incluindo sistemas de informação que nos educa a respeito desta alteração. Estes incluirão o uso dos meios de comunicação, bem como sistemas de educação para jovens e adultos. A estrutura educacional vai endossar valores como a solidariedade, a colaboração, a empatia, o cuidado com os outros e a responsabilidade mútua.

As ciências sociais fornecem inúmeras provas de como o ambiente influencia as pessoas. Então, temos que construir uma sociedade que nos ensina a pensar diferentemente e a adotar valores pró-sociais.
Atualmente, a sociedade nos recompensa com dinheiro, poder e glória. Tais recompensas criam a competição e induzem à agressividade, pois cada um de nós tenta manipular e explorar

os outros seja no nível pessoal, empresarial, nacional ou internacional. Se as recompensas fossem mudadas e, em vez disso, incentivasse a garantia mútua, a mudança seria fácil de se fazer e teria amplo apoio do público. Este é o poder do ambiente que influencia nosso comportamento.

Começar Pelo Começo – Apagando o Incêndio

Primeiramente, temos que apagar os incêndios e cuidar das questões prementes com que nos confrontamos. Para isso, temos que nos unir; congregar em uma espécie de mesa redonda e discutir – assim como uma família – como podemos ajudar aqueles dentre nós que se encontra em situação desesperada, vivendo abaixo da linha da pobreza. Sem uma solução para tais problemas com a qual todos possam concordar, nós não podemos fazer nenhum progresso.

O acordo é pré-condição para formarmos a garantia mútua entre nós. Concordando com a garantia mútua seremos capazes o mais afortunadamente de fazer as concessões necessárias para assistir aos outros e criar as alterações econômicas que lidarão perfeitamente com os desafios da pobreza.

Alguns dos financiamentos para corrigir o desequilíbrio virão do orçamento do Estado, refletindo a mudança de prioridades socioeconômicas. No entanto, a maior parte do dinheiro virá de novas fontes criadas pela transição do consumismo excessivo para o consumo razoável. Esta transição irá refletir a mudança de uma economia competitiva, individualista, para uma economia colaborativa, harmoniosa que está em sintonia com as leis do mundo global, integral.

Ao mesmo tempo, temos de adquirir competências para uma vida simples e iniciar a educação do consumidor para nos qualificar a obter uma forma independente e equilibrada de viver no novo mundo. A combinação de soluções econômicas e financeiras imediatas com a educação adequada dos consumidores atuará como "CPR" para os indivíduos de baixa renda na sociedade. E também irá forjar a base comum necessária para adotarmos a garantia mútua como um tratado social e econômico, amarrando nós todos juntos, em sincronia com as leis do mundo global-integral.

Rumo à Nova Economia, Sob o Guarda-Chuva da Responsabilidade Mútua

É fácil de descrever o avanço do sistema socioeconômico no final do processo de transformação, no sentido ao qual esta crise está nos desenhando. A inadequação dos sistemas econômicos atuais na rede global e a crescente interdependência pessoal e política são as verdadeiras razões para a escalada da crise global. Quando os formadores de opinião e os principais economistas compreenderem que estas são questões fundamentais, a solução se tornará evidente, porém ainda precisaremos mudar nossas relações para aquelas de garantia mútua. Uma vez realizado, podemos passar para uma nova economia que reflita essa mudança de ideias e valores no mundo.

Sob o guarda-chuva da garantia mútua, ambas, economia e sociedade humana, estarão em harmonia com a rede global de conexões. Ao invés de "navegando contra o vento", desperdiçando energia e recursos ao tentar manter um método econômico falido, uma nova economia será formada, equilibrada e estável, fundada sobre sólida coesão social em todos os níveis, cooperação internacional expansiva, consumo equilibrado e mercados financeiros estáveis. Isto estará muito longe dos atuais mercados financeiros, os quais produzem destrutivas bolhas a cada 5 a 7 anos.

Benefícios da Economia de Responsabilidade mútua

Há muitos benefícios para uma economia baseada na responsabilidade mútua. Na tentativa de agarrar-se ao existente, modelo econômico falho e resolver os problemas imediatos, após a crise financeira, estamos tornando mais difícil o reconhecimento do vasto potencial da economia de responsabilidade mútua. Se imaginarmos que já estamos em um estado de responsabilidade mútua, seremos capazes de ver suas muitas vantagens:

1) **Um nível de vida justo e razoável para todos**: uma política econômica baseada na consideração mútua nos ajudará a alocar os recursos públicos necessários para elevar as classes mais baixas, para acima da linha da pobreza. Ao mesmo tempo, grupos de discussão, treinamento de habilidades de vida e ciência do consumidor ajudará as pessoas a desenvolver certa independência financeira. Viver além dos nossos meios e o excesso de consumo tornou-se uma tendência global que requer correção...[98,99]

2) **Reduzindo o custo de vida:** quando a ganância não for mais a base das nossas relações econômicas, quando cada um de nós se contentar com um lucro razoável e

não mais aspirar ao lucro abusivo em detrimento dos outros, os preços dos produtos e serviços cairão para próximos ao custo de produção. Hoje, os preços de muitos bens e serviços são muito altos, porque cada elo da cadeia comercial se esforça para conseguir o máximo benefício. Exaltar o valor da responsabilidade mútua em redes de comunicação e no discurso público fará com que as empresas adicionem benefício público as suas equações. Isso vai tornar a vida mais acessível para todos nós.

Os primeiros sinais de um movimento de redução de custo já estão emergindo. A agitação social está realmente levando os fabricantes a reduzir os preços de produtos e serviços. Por agora, se manifestam em forma de pequenos descontos variáveis, ocasionais e passageiros, mas a tendência é clara. Quando transitarmos para um padrão de consumo relativamente equilibrado ambos demanda e preços descerão de patamar..

Ao diminuir o custo de vida também diminuirá a desigualdade e os abismos sociais, uma das primeiras vantagens da economia de responsabilidade mútua.

3) **Diminuir os abismos sociais:** um dos males primários da atual economia global é o aumento constante da desigualdade. Este é o principal iniciador da agitação em todo o mundo que exige justiça social. Quando tratarmos uns aos outros como uma família, não iremos tolerar a desigualdade de oportunidade ou de meios entre nós ou em qualquer lugar do mundo. Ao invés de agitação e do medo da revolução e da violência, a

economia de responsabilidade mutua produzirá um amplo consentimento de que as distâncias sociais diminuíram e a estabilidade do sistema está fortalecida.

Diminuir a desigualdade significa, entre outras coisas, concessões econômicas e sociais por parte dos assalariados de renda superior. A Educação, a influência do ambiente e um mecanismo eficaz de comunicação — tal como a mesa-redonda — irão certificar que todas as decisões foram tomadas com transparência e imparcialidade e refletem o consenso social e econômico — imperativo para responsabilidade mútua. Em troca, aqueles que fizeram suas concessões para o bem comum, serão recompensados com o reconhecimento público de suas contribuições. Além disso, aqueles que recebem assistência e recursos serão capazes de desfrutar de uma vida melhor, mais digna. Eles, também, irão apreciar o novo método.

4) **Uma reforma genuína e completa:** A única coisa que pode criar um senso de justiça social e de responsabilidade mútua para cada indivíduo na sociedade é a crença de que estamos todos no mesmo barco e devemos trabalhar juntos. Isso exigirá um método mais justo de priorização no orçamento nacional, definido por amplo consenso, não por meio de disputas de interesses e grupos de pressão.

Uma economia gerenciada com transparência permitirá que todos entendam como as decisões são tomadas e inclusive ajudará as pessoas a exercer influência sobre elas. Quando temos um sentimento de parceria e envolvimento, não sentimos mais as emoções negativas, tais como a frustração que existe atualmente pelos formuladores de políticas. Esta diminuição da negatividade permitirá que as pessoas concordem e apoiem as decisões tomadas pelos tomadores de decisão, mesmo quando algumas das suas escolhas não sejam populares. A satisfação de agir como uma família que toma decisões na mesa redonda irá nos encorajar a fazer concessões uns aos outros.

5) **Aumentando a "pizza" financeira:** se cada cidadão, empresa e posto governamental se sentir parte da família global, muitos recursos extras aparecerão, em dinheiro, bens e serviços, nos orçamentos dos estados e municípios e até mesmo em nossos orçamentos pessoais. Considere quantas coisas temos em casa que nunca usamos. Podemos pegar nossos excedentes de alimentos e roupas, dar aos pobres e colocar os excedentes financeiros para que cubram uma parte significativa das necessidades atuais de outros. Isso não vai exigir sequer um aumento do déficit orçamental ou impor ações de austeridade ou impostos.

No entanto, não estamos sugerindo a caridade como uma solução, embora a caridade seja uma grande expressão de uma sólida vida em comunidade e assistência mútua.

Pelo contrário, estamos falando de eficácia. Por exemplo, de acordo com uma reportagem da CNN, 30% de todos os alimentos produzidos no mundo cada ano é desperdiçado ou perdido.

Isto é, cerca de 1,30 bilhões toneladas, de acordo com um relatório do Departamento de Agricultura e Alimentos das Nações Unidas.[100]

Por que os países onde a fome é um problema real não podem receber esse excedente? A resposta, em uma palavra, é "interesses". Distribuir os excedentes de alimentos significa aumentar a oferta, o que levaria a preços mais baixos. Este, por sua vez, diminuiria os lucros dos produtores e comerciantes. Em uma economia baseada em responsabilidade mútua, tal situação seria impossível. Como podemos jogar fora comida quando membros de nossa família passam fome? Este é apenas um exemplo. Para obter mais exemplos dos benefícios da economia de responsabilidade mútua, consulte Capítulo, "Excedente e Melhora do Bem-Estar Público," em Os Benefícios da Nova Economia.

6) **Melhorando as relações empregador-empregado e as relações empresa-governo:** Pesquisa em psicologia comportamental indica que pessoas ricas buscam a respeito, não dinheiro.[101] Contudo, as empresas modernas e seus diretores são avaliados com base em seus lucros e ganhos. Lucro maior significa uma classificação mais elevada em no ranking de empresa ou colocação na lista de Executivos "mais bem sucedidos do ano."

Possivelmente o melhor exemplo deste pensamento limitado e egocêntrico de maximização de lucros é o mercado de trabalho dos EUA. A razão por que o mercado de trabalho americano não está criando mais postos de trabalho, mesmo com o crescimento da economia, é que as empresas preferem aumentar as horas extras, ou trocar o turno dos trabalhadores de tempo parcial trabalhar o tempo inteiro, ao invés de contratar novas pessoas.

Hoje em dia, tais decisões são consideradas lógicas. Mas numa economia conduzida pela responsabilidade mútua, os valores serão tais que mais pessoas serão capazes de compartilhar a prosperidade da economia, ao invés de menos pessoas compartilharem mais dos lucros. Melhorias similares serão feitas nas relações das empresas com o governo e as autoridades tributárias, levando a impostos mais justos e menor evasão de imposto.

7) **Estabilidade e soluções de longo prazo:** A nova economia será baseada nos valores da responsabilidade mútua e necessariamente será consistente com a interdependência global de hoje. Tal método econômico, em harmonia e equilíbrio com a rede global e integral, será mais estável e sustentável que todos os métodos econômicos e sociais existentes. Combinaria seu ambiente e refletiria um amplo consenso entre os seus elementos: pessoas, empresas e Estados. Uma economia equilibrada que fosse amigável com ambos o homem e a Natureza permitiria que cada pessoa vivesse com dignidade, sentisse que o sistema foi pessoalmente "amigável" e recebesse o sustento suficiente, juntamente com a oportunidade de retribuir, contribuindo para o sistema.

8) **Certeza:** A transição para a nova economia será gradual. Em primeiro lugar, haverá dinâmicas de mudança e de esperança, de um novo espírito na sociedade, de um sentido de coesão e segurança pessoal. O medo atual de

ser explorados será superado por concessões e por gestos de generosidade em diversas áreas, tais como preços de habitação mais acessíveis, contratos de trabalho que não exploram os trabalhadores, uma burocracia mais simples que realmente sirva os interesses públicos, bancos justos e prestadores de serviços que realmente prestam o serviço oferecido a um preço sensato. Em suma, as pessoas se sentirão confiantes em suas inter-relações, um sentimento tão terrivelmente necessário nestes tempos de incerteza, e que nenhum dinheiro realmente pode comprar.

9) **Verdadeira felicidade:** A nova economia vai criar em nós um sentimento de realização que não pode ser medido com o dinheiro. Conforme descrito em *Benefícios da Nova Economia*, no capítulo, "Estudos Desafiam a Noção de que Dinheiro Significa Felicidade," Acima de certo nível de renda, o dinheiro extra não melhora o sentimento da pessoa. Em vez disso, as pessoas obtém satisfação em relacionamentos bem sucedidos, em sentimento de confiança e de auto realização. A nova economia e os seus benefícios não são transitórios, mas são sólidos e estáveis, porque eles estão em sintonia com as leis de responsabilidade mútua. Estes permitem um processo de tomada de decisão com base em um amplo consenso.

10) **Um processo de decisão praticável:** como a nova economia será conduzida com transparência, todo mundo vai ver como as decisões são tomadas e serão capazes de nelas interferir. Esta é a única maneira de estabelecer um processo de tomada de decisão, prático, que vai fazer as pessoas sentir que as decisões são justas e

Imparciais, tomadas depois de profunda consideração das necessidades de cada um. Isto também irá fortalecer a estabilidade do sistema socioeconômico.

11) **Estabilidade econômica e financeira:** os mercados financeiros mudaram-se de um local de reunião de empresas e investidores em um campo de batalha de agressivos jogadores globais, com poder suficiente para sacudir e agitar o mercado global em busca de "um dinheirinho extra," independentemente da solidez do sistema. Uma economia de responsabilidade mútua permitirá que os mercados financeiros parem de cair repetidamente nas bolhas financeiras que explodem e levam a economia real ao desastre.

12) **Consumo equilibrado:** A busca pelo consumo excessivo há tempos tornou-se um elemento fundamental em nossas vidas e na economia mundial. Na economia de responsabilidade mútua, isto gradualmente dará lugar para o consumo equilibrado. Na verdade, o processo já começou, graças à crise atual e à transição gradual de uma economia competitiva, esbanjadora e desigual para uma economia equilibrada e funcional, cujo objetivo é prover as necessidades básicas de todos. Os comerciais e outras as formas de pressão social, para nos convencer a comprar serviços e produtos supérfluos vão desaparecer, assim como inúmeros produtos e marcas redundantes. Em vez disso, o desejo de contribuir para a sociedade e participar na vida da comunidade, para a boa vontade de todos irá substituí-los, assim como o orgulho e a alegria das pessoas.

E também, por causa da diminuição da demanda, os preços cairão e assim uma vida digna e razoável se tornará acessível a todos. As empresas irão produzir apenas o que for verdadeiramente necessário para levarmos uma vida confortável e equilibrada.

13) **Equilíbrio global e harmonia:** A transição de consumo excessivo para compras equilibradas irá revelar que a Terra contém recursos suficientes para sustentar todos nós confortavelmente por muitos anos a frente. A exploração dos recursos naturais irá cessar e nós descobriremos as magníficas habilidades de renovação da Terra.

A estabilidade da economia de responsabilidade mútua está baseada sobre uma coesão social forte e sobre o consenso mútuo. Esta estabilidade requer que entendamos que na era da globalização, nossa interdependência nos exige adaptarmos nossas conexões e nosso social e os sistemas econômicos em um sistema simples e harmonioso. Isto proverá as necessidades de toda a humanidade e dará suporte e coragem para a necessidade de todos em descobrir o grande potencial dentro de cada um.

A Responsabilidade Mútua

Agenda Educacional

Educação, um problema recorrente e uma dolorosa questão para o mundo todo. Crianças desinteressadas, evasão de séries, violência e conduta violenta indicam que os sistemas de ensino em muitos países se tornaram disfuncionais.

Alguns dos problemas originam-se na estrutura do sistema educacional e em sua inabilidade de se adaptar a mudanças. E mais, a mudança é claramente necessária, particularmente devido ao fato de que muito pouco mudou nas escolas desde sua criação a época da Revolução Industrial aproximadamente 200 anos atrás. Salas lotadas, crianças atrás de carteiras, forçadas a sentarem-se quietas, por longos períodos de tempo, curtos intervalos e vasta quantidade de informações inúteis a serem memorizadas ainda são a norma. Nos primeiros anos em que as escolas foram criadas havia uma necessidade genuína de educar as massas de trabalhadores para preencher as linhas de produção.

Assim, a atual estrutura das escolas reflete uma estreita perspectiva do conceito de educação. A Enciclopédia Britânica, contudo, define educação da seguinte forma: "Educação pode ser pensada como a transmissão de valores e conhecimento acumulados por uma sociedade. Neste sentido, é equivalente ao que os cientistas sociais definem como socialização ou aculturação. As crianças - quer seja concebida entre as pessoas das tribos da Nova Guiné, entre os Florentinos da Renascença ou entre a classe média de Manhattan – nascem sem cultura. A Educação está projetada para guiá-las no aprendizado da cultura, moldando seus comportamentos para a vida adulta e direcionando-as para assumir seus eventuais papéis na sociedade."[102]

Além disso, as escolas de hoje em dia simplesmente objetivam equipar os estudantes com as ferramentas necessárias para continuar sua escolarização nas universidades e faculdades. As escolas não educam no exato sentido da palavra.

A Educação, como acaba de ser descrita, não é simplesmente o ato de proporcionar conhecimento. É um processo para projetar a personalidade e o comportamento de cada um de nós. Na verdade, a essência da educação está em ensinar ao estudante como enfrentar e ter êxito na vida. Uma escola que ensina simplesmente como memorizar informação é irrelevante na realidade atual.

Considerando o acima exposto, temos que concordar que precisamos realizar uma mudança fundamental de paradigma na educação. Temos que examinar os desafios que o mundo moderno nos apresenta e checar se a educação que atualmente praticamos enfrenta tais desafios.

Na realidade atual, nosso mundo se tornou uma vila global de forma social, política e economicamente falando. No momento em que nos tornamos conectados um ao outro, perdemos a habilidade de continuar levando nossas vidas com valores de narcisismo e desrespeito ao próximo. Estes valores podem ter sido úteis no mundo velho, individualista e egocêntrico, mas no momento em que a humanidade se torna um sistema global e integral, as regras se tornam idênticas a aquelas aplicáveis a todos os sistemas integrais na Natureza.

O corpo humano é um exemplo de tal sistema integral. Dentro dos nossos corpos a cooperação e a harmonia (conhecido como homeostase) entre as células e órgãos permitem que o corpo mantenha uma boa saúde. Para permanecer saudável, cada célula e órgão opera de acordo com os interesses do organismo como um todo. A harmonia entre as células torna um corpo saudável na espantosa máquina que ele é e a saúde do corpo contribui, por sua vez, na saúde de cada célula em particular.

A forma como as células em nossos corpos funcionam, manifesta a lei de responsabilidade mútua e reciprocidade, a qual se aplica a todas as conexões multilaterais na natureza. Na verdade, a sustentabilidade do sistema depende das relações recíprocas entre os elementos que o compõem.

Portanto, enquanto nós continuarmos a nos relacionar egoisticamente uns com os outros, em contraste com o mundo que se tornou integral, atuamos em dissonância com as leis da Natureza. Assim, somos como as células que são partes de um organismo, no entanto, consomem somente para si. No caso do corpo humano, o resultado de tais células é um tumor canceroso. No caso da humanidade, o resultado é uma crise global de várias camadas, multifacetada.

Para resolver esta crise, devemos ajustar a nossa rede de conexões e torná-la verdadeiramente global. Cada pessoa deve reconhecer a natureza do mundo em que vivemos e entender que no século XXI, nossa vida pessoal depende da nossa atitude para com os outros. Portanto, nós devemos educar as pessoas para tornarem-se sensíveis para com os outros, solidárias e responsáveis na sua abordagem ao mundo.

Neste sentido temos que no século XXI, o mundo precisa de mais do que uma solução política ou econômica para seus problemas. Acima de tudo, ele precisa de uma solução educacional.

Numerosos estudos e livros já determinaram que o elemento primordial na moldagem da personalidade do jovem é o ambiente circundante. 103 Portanto, "educar" verdadeiramente uma criança significa inseri-la no ambiente certo, um ambiente que leve a resultados positivos e aos valores corretos. Para formarmos uma geração que vai aniquilar as crises que o mundo enfrenta atualmente, temos que criar um ambiente social diferente para nossas crianças.

Desde muito pequenas as crianças precisam crescer com a compreensão de que o egoísmo, o desejo de se satisfazer às custas dos outros é a principal causa do sofrimento na vida adulta. Ao mesmo tempo temos que mostrar às crianças – utilizando-se de vários métodos de ensino – que as relações baseadas na consideração mútua, na tolerância e na compreensão, facilitam a harmonia e a persistência na vida.

Dez Princípios Chaves para a Educação Global

1) **O ambiente social constrói a Pessoa:**
   O ambiente social é o principal elemento que afeta as crianças. Por isso, temos que criar entre elas uma "miniatura de sociedade" onde cada um cuida de cada um. Uma criança que cresce em tal ambiente não irá apenas buscar

e alcançar sucesso expressando seu potencial criativo, como também irá enfrentar a vida com um senso de propósito e com um desejo de construir uma sociedade similar no ambiente "fora-escola".

2) **Exemplo pessoal:** As crianças aprendem através dos exemplos que damos a elas, ambos pessoalmente – dos educadores e pais – e através da mídia e de outros conteúdos públicos aos quais elas estão expostas.

3) **Igualdade:** Durante o processo de aprendizado não devemos ser um professor, mas sim um educador. Embora o educador seja mais velho, ele ou ela será percebido pelas crianças como "uma delas", um par. Neste sentido, o educador pode gradualmente "elevar" as crianças em todos os aspectos do estudo – informacional, bem como moral e social. Assim, por exemplo, durante a aula, as crianças e os educadores se sentarão em um círculo e conversarão, com todos sendo tratados como iguais.

4) **Aprendendo através de jogos:** Através de jogos, as crianças crescem, aprendem e aprofundam seu conhecimento de como as coisas estão conectadas. O jogo é um meio pelo qual as crianças começam a entender o mundo. De fato, as crianças não aprendem as palavras ao escutá-las. Em vez disso, elas aprendem através da *experiência*. Por isso, é necessário o uso dos jogos como um método primário para trabalhar com crianças. Os jogos devem ser organizados de tal forma que as crianças entendam que elas não terão sucesso sozinhas, mas, apenas com a ajuda dos outros, que para ter sucesso elas terão que fazer concessões

aos outros, e que um bom ambiente social só pode fazer bem para elas.

5) **Passeios semanais:** Cada semana deverá haver um dia no qual as crianças deixam a escolar e visitam lugares no país ou alguma outra localidade, dependendo da idade da criança. Tais lugares podem ser: parques, zoológicos, fábricas, fazendas, estúdios de cinema ou teatros. Inclusive, as crianças devem ser ensinadas como operam os sistemas que afetam nossas vidas, tais como a aplicação das leis, correios, hospitais, repartições governamentais, asilos para idosos e todos os lugares onde as crianças possam aprender sobre os processos que são uma parte das nossas vidas. Antes, durante e depois dos passeios, discussões devem ser mantidas a respeito do que foi visto, como foi a experiência comparada com a expectativa, suas conclusões e assim por diante.

6) **O mais velho ensinando o mais jovem:** Os grupos de crianças mais velhas "adotarão" os grupos de crianças mais jovens, enquanto que os grupos mais jovens serão tutores daqueles grupo ainda mais jovens. Desta forma, cada um se sente parte do processo de aprendizado e adquire as ferramentas necessárias para comunicar-se com os outros.

7) **Pequena corte:** Como parte do processo de aprendizado, as crianças devem teatralizar situações que elas encontram em suas vidas diárias: inveja, luta por poder, engano e assim por diante. Depois da dramatização elas devem tentar analisar cuidadosamente tais situações.

Através de tais e experiências, as crianças aprenderão a entender e ser sensíveis aos outros. Elas compreenderão que os outros podem estar certos também, mesmo que não aceitem os outros pontos de vista naquele instante. Elas verão que amanhã elas podem se encontrar em situação similar, que cada pessoa e cada ponto de vista têm seu lugar no mundo e que cada um deve ser tratado com tolerância.

8) **Atividades com filmagens em vídeos:** É recomendado que todas as atividades sejam filmadas em vídeos para serem vistos e analisados posteriormente junto com as crianças. Desta forma, as crianças serão capazes de ver como elas reagem ou se comportam em determinadas situações. Elas terão a oportunidade de analisar as mudanças pelas quais elas estão passando e poderão desenvolver a habilidade de introspecção.

9) **Pequenos grupos com diversos educadores:** É altamente recomendado que cada grupo de 10 estudantes tenha um time de dois educadores e um profissional de suporte (um psicólogo).

10) **Apoio dos pais:** Os pais devem apoiar o processo educacional em andamento na escola. Eles devem conversar com as crianças sobre a importância dos valores disseminados pela escola, tornar-se um exemplo destes valores em seus comportamentos e evitar totalmente incutir outros valores. Para facilitar isto, deverá haver também cursos para pais.

Colaboração com a UNESCO

O método de educação global foi calorosamente aceito pela Diretora Geral da UNESCO, Sra. Irina Bokova. Neste momento um livro sobre educação global da UNESCO e ARI em conjunto está sendo produzido, além de uma série de encontros e conferências internacionais que estão acontecendo e outras que acontecerão no futuro.

Notas:

1   An Address to the 2011 International Finance Forum by Christine Lagarde, Managing Director, International Monetary Fund, Bei-jing, November 9, 2011 (http://www.imf.org/external/np/speeches/2011/110911.htm)

2   Gordon Brown speaks to the Lord Mayor's Banquet: http://www.labour.org.uk/lord_mayors_banquet

3   D'Vera Cohn, Jeffrey Passel, Wendy Wang and Gretchen Livings-ton, "Barely Half of U.S. Adults Are Married – A Record Low," Pew Research Center (December 14, 2011), http://www.pewsocialtrends. org/2011/12/14/barely-half-of-u-s-adults-are-married-a-record- low/?src=prc-headline

4   "National survey shows a rise in illicit drug use from 2008 to 2010," SAMHSA News Release (August 9, 2011), http://www.samhsa.gov/newsroom/advisories/1109075503.aspx

5   Albert R. Hunt, "A Country of Inmates," The New York Times (November 20, 2011), http://www.nytimes.com/2011/11/21/us/21iht-letter21.html?pagewanted=all

6   Nicholas D. Kristof, "Our Broken Escalator," The New York Times (July 16, 2011), http://www.nytimes.com/2011/07/17/opinion/sunday/17kristof.html?_r=2

7   Richard Vedder and Matthew Denhart, "Why does college cost so much?" CNN (December 2, 2011), http://edition.cnn.com/2011/12/02/opinion/vedder-college-costs/index.html

8   National Rifle Association Institute for Legislative Action, "Firearm Fact Card 2011," http://www.nraila.org/Issues/FactSheets/Read. aspx?ID=83

9   Carol Cratty, "Gun sales at record levels, according to FBI back-ground checks," CNN (December 28, 2011), http://edition.cnn.com/2011/12/27/us/record-gun-sales/index.html

10   Kate Kelland, "Nearly 40 Percent of Europeans Suffer Mental Illness," Reuters (September 4, 2011), http://www.reuters.com/article/2011/09/04/us-europe-mental-illness-idUSTRE7832JJ20110904

11   Toby Helm, "Most Britons believe children will have worse lives than their parents – poll," The Guardian (December 3, 2011), http://www.guardian.co.uk/society/2011/dec/03/britons-children-lives-parents- poll

12   Scott Hamilton, "Roubini: Slowdown Brings Forward New Crisis," Bloomberg (September 6, 2011), http://www.bloomberg.com/ news/2011-09-06/roubini-says-global-economic-slowdown-acceler- ating-next-financial-crisis.html

13 Michael Babad, "George Soros: 'We are on the verge of an eco- nomic collapse,'" *The Globe and Mail* (June 27, 2011), http://www. theglobeandmail.com/report-on-business/top-business-stories/ george-soros-we-are-on-the-verge-of-an-economic-collapse/ar- ticle2076789/

14 James Kirkup, "World facing worst financial crisis in history, Bank of England Governor says," *The Telegraph* (October 6, 2011), http:// www.telegraph.co.uk/finance/financialcrisis/8812260/World-facing- worst-financial-crisis-in-history-Bank-of-England-Governor-says. html

15 Ian Goldin, "Navigating our global future," *TED* (October 2009), http://www.ted.com/talks/ian_goldin_navigating_our_global_future. html

16 Fareed Zakaria, "Get Out the Wallets: The world needs Americans to spend, *Newsweek* (August 1, 2009), http://www.newsweek. com/2009/07/31/get-out-the-wallets.html

17 "U.S. Debt Reaches 100 Percent of Country's GDP," *Fox News* (August 4, 2011), http://www.foxnews.com/politics/2011/08/04/us- debt-reaches-100-percent-countrys-gdp/#ixzz1jIhe6Qly

18 "The Debt to the Penny and Who Holds It," *Treasury Direct*, http:// www.treasurydirect.gov/NP/NPGateway

19 Tim Jackson, "Tim Jackson's economic reality check" *TED* (October 2010), http://www.ted.com/talks/lang/en/tim_jackson_s_economic_ reality_check.html (min. 06:59)

20 Anthony Giddens, *Runaway World: How Globalization is Reshaping Our Lives* (N.Y., Routledge, 2003), 6-7.

21 Javier Solana and Daniel Innerarity, "The New Grammar of Power," *Project Syndicate* (July 1, 2011), http://www.project-syndicate.org/ commentary/solana10/English)

22 Ludger Kühnhardt "A Call for the United States to Rediscover Its Ideals," *The Globalist* (May 24, 2011), http://www.theglobalist.com/ storyid.aspx?StoryId=9149

23 Pascal Lamy "Lamy underlines need for 'unity in our global diver- sity,'" *World Trade Organization* (WTO) (June 14, 2011), http://www. wto.org/english/news_e/sppl_e/sppl194_e.htm

24 Gregory Rodriguez, "Rodriguez: Zero-sum games in an inter- connected world," *Los Angeles Times* (August 1, 2011), http:// articles.latimes.com/2011/aug/01/opinion/la-oe-rodriguez-zero- sum-20110801

25 L'Oeil de La Lettre, "'Think We, Not Me or I'-The Dalai Lama," *La Lettre*, http://www.lalettredelaphotographie.com/entries/think-we- not-me-or-i-the-dalai-lama

26   Alice Calaprice, *The New Quotable Einstein* (USA: Princeton Univer- sity Press, 2005), 206

27   Information extracted from the MIT Haystack Observatory, www. haystack.mit.edu/edu/pcr/.../3%20.../nuclear%20synthesis.pdf.

28   Werner Heisenberg, quoted by Ruth Nanda Anshen in *Biography of an Idea* (Moyer Bell, 1987), 224

29   G. Tyler Miller, Scott Spoolman, *Living in the Environment: Princi- ples, Connections, and Solutions*, 16th Edition (U.S.A., Brooks/Cole, September 24, 2008), 15

30   Jean M. Twenge and W. Keith Campbell, *The Narcissism Epidemic: Living in the Age of Entitlement* (New York: Free Press, A Division of Simon & Schuster, Inc. 2009), 78

31   Jean M. Twenge and W. Keith Campbell, *The Narcissism Epidemic,* 1

32   Jean M. Twenge and W. Keith Campbell, *The Narcissism Epidemic,* 1-2

33   Fiona Harvey, "World headed for irreversible climate change in five years, IEA warns," *The Guardian* (November 9, 2011), http://www. guardian.co.uk/environment/2011/nov/09/fossil-fuel-infrastructure-climate-change

34   e360 digest, "Extreme Weather Events Likely Linked to Warming, IPCC Says" (November 1, 2011), http://e360.yale.edu/digest/ex-treme_weather_events_likely_linked_to_warming_ipcc_says/3195/

35   "Fishing, Why It Matters, *WWF*, http://www.worldwildlife.org/what/globalmarkets/fishing/whyitmatters.html

36   Ian Sample, "Global food crisis looms as climate change and popu- lation growth strip fertile land" (*The Guardian*, August 31, 2007), http://www.guardian.co.uk/environment/2007/aug/31/climatechange. food

37   "Water, Sanitation and Hygiene," *UNICEF* (December 21, 2011), http://www.unicef.org/wash/

38   Lester R. Brown, *World on the Edge: How to Prevent Environmental and Economic Collapse* (USA, W. W. Norton & Company, January 6, 2011), 16

39   Matthew Lee, "Hillary Clinton Raises Alarm on Rising Food Prices," *Associated Press* (May 6, 2011), published on cnsnews.com, http://cnsnews.com/news/article/hillary-clinton-raises-alarm-rising-food- prices

40   Ramy Inocencio, "World wastes 30% of all food," *CNN* (May 13, 2011), http://business.blogs.cnn.com/2011/05/13/30-of-all-worlds- food-goes-to-waste/

41   "Ethics And The Global Financial Crisis," interview with Michel Cam-
     dessus, uploaded to YouTube by romereports (April 1, 2009), http://
     www.youtube.com/watch?v=M3q8XFLDWlg

42   Steve Connor, "Warning: Oil supplies are running out fast," *The Independent*
     (August 3, 2009), http://www.independent.co.uk/news/ science/warning-
     oil-supplies-are-running-out-fast-1766585.html

43   Quoted in: Laszlo Solymar, Donald Walsh, *Lectures on the electrical properties of
     materials*, "Introduction" (UK, Oxford University Press,
     1993), xiii

44   Martin Luther King, Jr. "Facing the Challenge of a New Age" (De-
     cember, 1956), http://www.libertynet.org/edcivic/king.html

45   Nicholas A. Christakis, *James H. Fowler, Connected: The Surpris- ing Power of
     Our Social Networks and How They Shape Our Lives
     - How Your Friends' Friends' Friends Affect Everything You Feel, Think, and Do*
     (USA, Little, Brown and Company, January 12, 2011),
     305

46   Maria Konnikova, "Lessons from Sherlock Holmes: The Power of Public
     Opinion," *Scientific American*, "Blogs" (September 13, 2011),
     http://blogs.scientificamerican.com/guest-blog/2011/09/13/lessons- from-
     sherlock-holmes-the-power-of-public-opinion/

47   Kavita Abraham Dowsing, PhD, and James Deane, "The Power
     of Public Discourse," http://wbi.worldbank.org/wbi/devoutreach/ar-
     ticle/1298/power-public-discourse

48   Source: Saul Mcleod, "Asch Experiment," *Simply Psychology*, 2008,
     http://www.simplypsychology.org/asch-conformity.html

49   "Thanks for the Memories," an experiment in false memories con- ducted
     by Prof. Yadin Dudai and Micah Edelson of the Institute's Neurobiology
     Department, together with Prof. Raymond Dolan and Dr. Tali Sharot of
     University College London (released August 29,
     2011), http://wis-wander.weizmann.ac.il/thanks-for-the-memories

50   Erich Fromm, *The Art of Loving* (U.S.A., Harper Perennial, Septem- ber 5,
     2000), 13

51   Eryn Brown, "Violent video games and changes in the brain," *Los
     Angeles Times* (November 30, 2011), http://www.lat-
     imes.com/health/boostershots/la-heb-violent-videogame- brain-
     20111130,0,6877853.story

52   Following the July 22, 2011 attack on Norwegians by a Norway na- tive:
     "Report: Norwegian Retailer Pulls Violent Games In Wake Of Attack,"
     DigiPen Institute of Technology (July 29, 2011), http://www.
     gamecareerguide.com/industry_news/36185/report_norwegian_re-
     tailer_pulls_.php

53   David Jenkins, "Mass Shooting In Germany Prompts Retailer To Drop
      Mature-Rated Games," *Gamasutra* (March 20, 2009), http://
      www.gamasutra.com/news/production/?story=22839

54   University of Michigan Health System, "Television and Children,"
      http://www.med.umich.edu/yourchild/topics/tv.htm

55   Martin Buber, philosopher and educator, *A Nation and a World: Essays on
      current events*, trans. from Hebrew: Chaim Ratz (Israel, Zionistic Library
      Publications, 1964), 220

56   George Monbiot, "The British boarding school remains a bastion
      of cruelty," *The Guardian* (January 16, 2012), http://www.guardian.
      co.uk/commentisfree/2012/jan/16/boarding-school-bastion-cruelty. Note:
      While this story addresses the problems of schools in the U.K., the data it
      gives of the state of Texas schools is no less alarm- ing.

57   Victoria Burnett, "A Job and No Mortgage for All in a Spanish Town,"
      The New York Times (May 25, 2009), http://www.nytimes.
      com/2009/05/26/world/europe/26spain.html?pagewanted=all

58   Andy Sernovitz, *Word of Mouth Marketing: How Smart Companies Get People
      Talking, Revised Edition*, (U.S.A. Kaplan Press, Febru- ary 3, 2009), 4

59   Clive Thompson, "Are Your Friends Making You Fat?", *The New York
      Times* (September 10, 2009), http://www.nytimes.
      com/2009/09/13/magazine/13contagion-t.html?_r=1&th&emc=th

60   (ibid.)
61   (ibid.)
62   (ibid.)

63   "Nicholas Christakis: The hidden influence of social networks" (a talk,
      quote taken from minute 17:11), TED 2010, http://www.ted.
      com/talks/nicholas_christakis_the_hidden_influence_of_social_net-
      works.html

64   "ILO warns of major G20 labour market decline in 2012 and serious jobs
      shortfall by 2015," *International Labor Organization* (ILO) (Sep- tember 26,
      2011), http://www.ilo.org/global/about-the-ilo/press-and- media-
      centre/news/WCMS_163835/lang-en/index.htm

65   Daniel Woolls, "Spain's Unemployment Rate Hits New Eurozone
      Record Of 21.3 Percent," *The Huffington Post* (April 29, 2011),
      http://www.huffingtonpost.com/2011/04/29/span-unemployment-
      inflation-economy-debt_n_855341.html

66   "Employment Situation Summary," *Bureau of Labor Statistics* (Janu- ary 6,
      2012), www.bls.gov/news.release/empsit.nr0.htm

67   Felix Salmon, "The global youth unemployment crisis," *Reuters* (De- cember
      22, 2011), http://blogs.reuters.com/felix-salmon/2011/12/22/ the-global-
      youth-unemployment-crisis/

68   Ulrich Beck, *The Brave New World of Work* (USA, Polity, 1 edition, January
       15, 2000), 2

69   Thomas L. Friedman, "The Earth is Full," *The New York Times* (June
       7, 2011), http://www.nytimes.com/2011/06/08/opinion/08friedman.
       html?scp=1&sq=the%20earth%20is%20full%20thomas%20
       friedman&st=cse

70   Adir Cohen, *The gate of light: Janusz Korczak, the educator and writer who
       overcame the Holocaust* (USA, Fairleigh Dickinson Univ Press, Dec 1, 1994),
       31

71   David W. Johnson and Roger T. Johnson, "An Educational Psychol- ogy
       Success Story: Social Interdependence Theory and Coop- erative Learning,"
       Educational Researcher 38 (2009): 365, doi:
       10.3102/0013189X09339057

72   Johnson and Johnson, "Educational Psychology Success Story,"
       368

73   Johnson and Johnson, "Educational Psychology Success Story,"
       371

74   (ibid.)

75   For more on education, see Appendix 1: The Mutual Guarantee–
       Educational Agenda

76   Christine Lagarde, "The Path Forward—Act Now and Act Together,"
       International Monetary Fund (IMF) (September 23, 2011), http://
       www.imf.org/external/np/speeches/2011/092311.htm

77   "Minority Rules: Scientists Discover Tipping Point for the Spread of
       Ideas," SCNARC (July 26, 2011), http://scnarc.rpi.edu/content/
       minority-rules-scientists-discover-tipping-point-spread-ideas

78   Appears in "The Oneness of Mind," as translated in *Quantum Ques- tions:
       Mystical Writings of the World's Great Physicists*, edited by Ken Wilber (USA,
       Shambhala Publications, Inc., Revised edition, April 10, 2001), 87

79   Mohamed A. El-Erian, "The Anatomy of Global Economic Uncer- tainty,"
       Project Syndicate (November 18, 2011), http://www.project-
       syndicate.org/commentary/elerian11/English

80   Albert Einstein, Alice Calaprice and Freeman Dyson, *The Ultimate
       Quotable Einstein* (USA, Princeton University Press, October 11,
       2010), 476

81   Efrat Peretz, "We Must Prepare for a World of Equal Revenue Shar- ing,"
       trans. Chaim Ratz, *Globes* (October 18, 2011), http://www.
       globes.co.il/news/article.aspx?QUID=1057,U1319062129813&d
       id=1000691044

82 Dr. Joseph E. Stiglitz, "Imagining an Economics that Works: Crisis, Contagion and the Need for a New Paradigm," *The New Palgrave Dictionary of Economics Online* (min 1:36), http://www.dictionaryofeconomics.com/resources/news_lindau_meeting

83 "Fischer on Fed's Toolbox," CNBC Video (August 25, 2011), http://video.cnbc.com/gallery/?video=3000041703#eyJ2aWQiOiIzMDAwMDQxNzAzIiwiZW5jIjoiZZJT0RCZmJpdmhYQzZZNUxTNTZwdz09IiwidlRhYiI6ImluZm8iLCJ2UGFnZSI6MSwiZW05hdiI6WyL-CoExhdGVzdCBWaWRlbyJdLCJnU2VjdCI6IkFMMTClsImdQYWdljo-iMSIsInN5bSI6IiIsInNlYXJjaCI6IiJ9 (min 2:50)

84 Hal R. Arkes and Catherine Blumer, "The Psychology of Sunk Cost," *Organizational Behavior and Human Decision Processes* 35, 124-140 (1985), http://www.google.com/url?sa=t&rct=j&q=&esrc=s&source=web&cd=1&sqi=2&ved=0CCUQFjAA&url=http%3A%2F%2Fcommonsenseatheism.com%2Fwp-content%2Fuploads%2F2011%2F09%2FArkes-Blumer-The-psychology-of-sunk-cost.pdf&ei=Uy4cT8v1KdDsOci89JkL&usg=AFQjCNFE8XVozdwg8RW_kdmY2LfgvVMDZQ&sig2=2NzX5HvZjbct06MbtqPqXw

85 Richard McGill Murphy, "Why Doing Good Is Good for Business," *CNN Money* (February 2, 2010), money.cnn.com/2010/02/01/news/companies/dov_seidman_lrn.fortune/

86 CNN Wire Staff, "Tear gas flies during Chilean student protests," *CNN* (August 9, 2011), http://edition.cnn.com/2011/WORLD/americas/08/09/chile.protests/index.html

87 J. David Goodman, "At Least 80 Dead in Norway Shooting," *The New York Times* (July 22, 2011), http://www.nytimes.com/2011/07/23/world/europe/23oslo.html?pagewanted=all

88 Thomas L. Friedman, "A Theory of Everything (Sort Of)," *The York Times* (August 13, 2011), http://www.nytimes.com/2011/08/14/opinion/sunday/Friedman-a-theory-of-everyting-sort-of.html?_r=1

89 David W. Johnson and Roger T. Johnson, "An Educational Psychology Success Story: Social Interdependence Theory and Cooperative Learning," *Educational Researcher* 38 (2009): 365, doi: 10.3102/0013189X09339057

90 Nouriel Roubini, "ROUBINI: Ignore The Recent Economic Data — There's Still More Than A 50% Chance Of Recession," *Bussiness Insider* (October 25, 2011), http://articles.businessinsider.com/2011-10-25/markets/30318837_1_double-dip-recession-eurozone-ecri

91 "Short films from the 2011 Lindau Nobel Laureate Meeting in Economic Sciences," *The New Palgrave Dictionary of Economics Online*, http://www.dictionaryofeconomics.com/resources/news_lindau_meeting (the above-mentioned statement is in Stiglitz's video after 10:05 minutes.

92   Amiel Ungar, "Polish Finance Minister Warns of War if EU Col-lapses," *Arutz Sheva* (September 16, 2011), http://www.israelnation-alnews.com/News/News.aspx/147945#.TrUbyPSArqE

93   Sebastian Boyd, "Chilean Peso Advances After Merkel Urges Fire-wall Around Greece," *Bloomberg* (September 26, 2011), http://www.businessweek.com/news/2011-09-26/chilean-peso-advances-after-merkel-urges-firewall-around-greece.html

94   Simon Kennedy, Rich Miller and Gabi Thesing, "Pimco sees Europe sliding into recession," *Financial Post* (September 26, 2011), http://business.financialpost.com/2011/09/26/pimco-sees-europe-sliding-into-recession/

95   Daniel Woolls, "Spain's Unemployment Rate Hits New Eurozone Record Of 21.3 Percent," *Huffington Post* (April 29, 2011), http://www.huffingtonpost.com/2011/04/29/span-unemployment-inflation-economy-debt_n_855341.html

96   United States Department of Labor, Bureau of Labor Statistics, www.bls.gov/news.release/empsit.nr0.htm

97   Perhaps the most notable examples are the studies published in the book, *Connected: The Surprising Power of Our Social Networks and How They Shape Our Lives—How Your Friends' Friends' Friends Affect Everything You Feel, Think, and Do*, by Dr. Nicholas A. Chris-takis and Prof. James Fowler:

- Christakis, N. A.; Fowler, JH (22 May 2008). "The Collective Dynamics of Smoking in a Large Social Network" (PDF). *New England Journal of Medicine* 358 (21): 2249–2258.

- Christakis, N. A.; Fowler, JH (26 July 2007). "The Spread of Obe-sity in a Large Social Network Over 32 Years" (PDF). *New England Journal of Medicine* 357 (4): 370–379

- Fowler, J. H.; Christakis, N. A (3 January 2009). "Dynamic Spread of Happiness in a Large Social Network: Longitudinal Analysis Over 20 Years in the Framingham Heart Study" (PDF). *British Medical Journal* 337 (768): a2338.doi:10.1136/bmj.a2338. PMC 2600606. PMID 19056788.

- Christakis, N. A.; Fowler, JH (26 July 2007). "The Spread of Obe-sity in a Large Social Network Over 32 Years" (PDF). *New England Journal of Medicine* 357 (4): 370–379

98   "Average credit card debt per household with credit card debt: $15,799." By: Ben Woolsey and Matt Schulz, "Credit card statistics, industry facts, debt statistics," *CreditCards.com*, http://www.cred-

itcards.com/credit-card-news/credit-card-industry-facts-personal- debt-statistics-1276.php#Credit-card-debt

99   "The average British adult already owes £29,500, about 123 per cent of average earnings." By: Jeff Randall, "The debt trap time bomb," *The Telegraph* (October 31, 2011), http://www.telegraph. co.uk/finance/comment/jeffrandall/8859082/The-debt-trap-time-bomb.html

100   Ramy Inocencio, "World wastes 30% of all food," *CNN Business 360* (May 13, 2011), http://business.blogs.cnn.com/2011/05/13/30-of-all- worlds-food-goes-to-waste/

101   Tay, L., & Diener, E., "Needs and subjective well-being around the world," *Journal of Personality and Social Psychology* (2011), 101(2), 354-365. doi:10.1037/a0023779

102   "Education," *Encyclopædia Britannica*, http://www.britannica.com/EBchecked/topic/179408/education

103   Probably the most notable example of the influence of the social environment on our psyche and even our physical well-being is the book, *Connected: The Surprising Power of Our Social Networks and How They Shape Our Lives – How Your Friends' Friends' Friends Affect Everything You Feel, Think, and Do*, by Nicholas A. Christa- kis, MD, PhD, and James H. Fowler, PhD (Little, Brown and Co., 2010).

Leitura Adicional

A Psicologia da Sociedade Integral

A *Psicologia da Sociedade Integral* apresenta uma abordagem revolucionária de educação. Em um mundo interconectado e interdependente, ensinar as crianças a competir com seus pares é tão "inteligente" quanto ensinar à mão esquerda a ser mais esperta que a mão direita. Uma sociedade integral é aquela na qual todas as partes contribuem para o bem-estar e sucesso da sociedade. A sociedade, por sua vez, é responsável pelo bem-estar e sucesso daqueles dentro dela. Formando assim a interdependência. Em um mundo globalizado e integrado este é o único modo de vida sensível e sustentável.

Neste livro, uma série de diálogos entre os professores Michael Laitman e Anatoly Ulianov lança luz sobre os princípios de uma abordagem mais ampla de educação. Falta de competição, igualdade entre pares, recompensa aos doadores e uma composição dinâmica do grupo e instrutores são apenas alguns destes novos conceitos introduzidos pelo livro. A Psicologia da Sociedade Integral é indispensável para todos aqueles que desejam se tornar melhores pais, melhores professores e melhores pessoas dentro da realidade integrada do século XXI.

"O que está impresso em A *Psicologia da Sociedade Integral* deve fazer as pessoas pensarem a respeito de outras possibilidades. Para resolver um problema difícil, todas as perspectivas precisam ser exploradas. Despendemos tanto tempo competindo e tentando passar a perna que o conceito simples de trabalhar em conjunto soa como um projeto inovador em si."

Peter Croatto, *ForeWord Magazine*

Os Benefícios da Nova Economia: Resolvendo a Crise Global através da Responsabilidade Mútua

Vocês já se perguntaram por que, mesmo com todos os esforços dos melhores economistas do mundo, a crise econômica se recusa a diminuir? A resposta a esta questão encontra-se em nós, em todos nós. A economia é um reflexo de nossas relações. Através do desenvolvimento natural, o mundo se tornou uma vila global integrada onde todos são interdependentes.

Interdependência e "globalização" significam que, o que acontece em uma parte do mundo afeta todas as outras partes dele. Como resultado, a solução para a crise global tem que incluir o mundo inteiro, pois se apenas uma parte dele está curada, as outras partes ainda doentes tornará o mundo todo doente novamente.

Os Benefícios da Nova Economia foi escrito devido à preocupação com o nosso futuro comum. Seu objetivo é ampliar nosso entendimento sobre a turbulência da economia atual – suas causas, como ela pode ser resolvida e seus resultados antecipados.

A Estrada para uma nova economia está não em cobrar novos impostos, imprimir dinheiro ou em qualquer remédio do passado. Em vez disso, a solução está em uma sociedade onde todos se apoiam um ao outro em responsabilidade mútua. Isto cria um ambiente social de cuidado e consideração e a compreensão de que subiremos ou cairemos juntos, porque somos todos interdependentes.

Este livro contem treze ensaios "autônomos" escritos em 2011 por diversos economistas e financeiros de diferentes disciplinas. Cada ensaio se refere a um tema específico e pode ser lido como uma unidade separada. Embora, um tema central os conectam: a falta de responsabilidade mútua como a causa de nossos problemas no mundo integral-global. Você pode ler estes ensaios na ordem que você escolher.

Nós, os autores, acreditamos que se você ler ao menos alguns dos ensaios você receberá uma visão mais compreensiva da transformação necessária para resolver a crise global e criar uma economia próspera e sustentável.

Sobre o Instituto ARI

Missão

O Advanced Research of Integration (ARI) Institute é uma organização sem fins lucrativos, dedicada à promoção de mudanças positivas nas políticas e práticas educacionais através de ideias e soluções inovadoras. Podendo ser aplicadas aos problemas educacionais mais prementes do nosso tempo. O Instituto ARI introduz uma nova maneira de pensar, explicando os benefícios de reconhecer e implementar as novas regras que a humanidade precisa para ter sucesso em um mundo interdependente e integrado.

Através de seus grupos de trabalhos, atividades e recursos de multimídia, o Instituto ARI promove a cooperação internacional e interdisciplinar.

O Que Fazemos

Nós encorajamos o diálogo ativo sobre a crise global como uma oportunidade para facilitar uma mudança positiva no pensamento global sobre educar as gerações futuras, permitindo-lhes assim lidar com as enormes mudanças no clima, na economia e nas relações geopolíticas. Nossos materiais são gratuitos e disponíveis a todos, independentemente de idade, sexo, religião, considerações política ou cultural.

O material revela o sistema global e integral das leis da natureza manifestas em nossa sociedade atual. Nós estamos comprometidos em compartilhar nosso conhecimento em um nível internacional

Através dos nossos canais de multimídia estabelecidos. Estamos também comprometidos em reforçar a consciência das pessoas sobre a necessidade em conduzir suas relações dentro de um espírito de responsabilidade mútua e envolvimento pessoal.

Nossos Valores

Estamos todos vivendo em tempos difíceis, confrontados com crises pessoais, ambientais e sociais. Estas crises estão ocorrendo porque a humanidade tem sido incapaz de perceber a interligação e interdependência entre nós e entre a raça humana e a Natureza.

Fornecendo informações ao público através de um rico ambiente de mídia, podemos agir como um catalisador para a mudança de comportamento humano em direção a um modelo mais sustentável. Podemos defender uma solução para a crise mundial e promovê-la através de nosso exclusivo conteúdo educacional, apresentado via canais de mídia em todo o mundo.

Através de extensa pesquisa e atividades públicas, o Instituto ARI oferece uma compreensão clara e coerente do desenvolvimento natural dos eventos e da degradação social que levaram ao atual estado de coisas em nosso mundo global e integral. Além disso, estamos ampliando nosso ambiente on-line para alcançar as crianças. Elas irão se beneficiar participando de um processo educativo que as incentiva a se tornarem tolerantes, responsáveis e atenciosas com os seres humanos vivendo como cidadãos globais.

Neste ambiente baseado na internet, as crianças irão colaborar nas atividades em andamento simultâneo em diferentes partes do mundo. Tais atividades irão ajudá-las a reconhecer que elas estão todas conectadas dentro de uma vila global unida e mostrar como elas podem ajudar a desenvolver a humanidade através da participação nestes programas. Acreditamos que a exposição a esse ambiente pode mudar profundamente uma geração inteira de crianças, transformando-as em cidadãos do mundo responsáveis e marcar um ponto de inversão nos atuais comportamentos destrutivos da humanidade.

Onde Estamos em Termos Educacionais

A nova geração está enfrentando mundo completamente novo repleto de mudanças sem precedentes. Se focarmos nas necessidades de nossas crianças, podemos ajudá-las significativamente a enfrentar problemas tais como abuso de drogas, violência e aumento da taxa de evasão escolar, temas que acreditamos não estarem sendo devidamente tratados pela maioria dos sistemas educacionais.

Onde estamos em Termos Econômicos

A crise não é financeira, nem econômica muito menos ecológica. Trata-se de uma crise que engloba toda nossa civilização e todos os reinos da vida. Por isso, temos que olhar para as raízes dela e tratar da causa original – nossa natureza egocêntrica.

Acreditamos que uma mudança superficial na sociedade não trará uma solução duradoura. Primeiro, nós devemos alterar as conexões entre nós, movendo-nos do egocentrismo ao altruísmo. Este é o princípio pelo qual os sistemas integrais operam e atualmente descobrimos que a sociedade humana é precisamente tal sistema.

Nossas Atividades

Produções para TV e Vídeo

A ARI Films (www.arifilms.tv) é o departamento de filmes e televisão, uma empresa de produção altamente bem sucedida e dinâmica, especializada em conteúdo para a Internet, TV a cabo e emissoras de televisão por satélite. A ARI Films produz programas educativos e documentários em filmes e dramas, entrevistas, bem como produções em séries. A equipe da ARI Films é constituída por profissionais experientes de um vasto leque de áreas, incluindo editores de vídeo, animadores, cinegrafistas, roteiristas, produtores e diretores.

Fóruns Internacionais

O Instituto ARI organiza frequentes fóruns internacionais em todo o mundo, que são acompanhados pelo grande público ansioso para participar das palestras e workshops. Estes fóruns são transmitidos ao vivo pela internet e na TV a cabo e redes de TV por satélite.

Os Cidadãos do Futuro:
Nosso Centro Educacional e Nossa Rede de Internet

Cidadãos do Futuro é uma associação educativa sem fins lucrativos, estabelecida sob os auspícios da ARI. Visa proporcionar às crianças, jovens e pais um ambiente online de aprendizado que promove os valores do amor e cuidado ao próximo, tão vital nesta era global. Nós acreditamos

que as crianças que adquirem e aderirem a esses valores
estarão bem posicionados para uma vida de felicidade,
alegria e auto realização. Para atingir seus objetivos, a
associação Cidadãos do Futuro opera em vários níveis,
conforme listado abaixo.

Rede de Centros Educacionais das Crianças

Os Centros Educacionais Cidadão do Futuro são
locais onde o Método "construindo seres
humanos" é desenvolvido e implementado
diariamente. Aqui um ambiente de amor e apoio
é construído em favor das crianças, alicerçado na
amizade e no cuidado um com o outro. As
atividades incluem:

• Atividades e jogos que promovem a união entre as
crianças;

• Discussões sobre a Natureza em geral e a natureza
humana em particular;

• Aulas complementares sobre vários temas escolares;

• Desenvolvimento das habilidades sociais necessárias
para a comunicação interpessoal e de grupo;

• Passeios a museus, parques, reservas naturais,
tribunais e muitos mais locais e instalações que
ajudam a introduzir as crianças nos sistemas que
afetam nossas vidas;

• Documentação das atividades e elaboração de
tutoriais estruturados para os instrutores
circularem este método inovador pelo mundo
todo.

YFU Movimento Jovem

O movimento jovem, YFU (Jovens pela União), for especificamente formado para criar um ambiente de amor e apoio a jovens entre 12 a 18 anos que aspiram promover os valores da consideração mútua e amor ao próximo. Este departamento social é uma extensão direta do centro educacional complementar, Cidadãos do Futuro. As atividades do YFU incluem:

• Estudos da Natureza em geral e da natureza humana em particular;

• Formação profissional;

• Escola de cinema;

• Convenções, passeios e outras atividades que promova a união;

• Tutoria e formação das crianças, para qualificar a próxima geração para a vida em um mundo interconectado;

• Preparação e orientação para a vida como adultos no mundo de hoje;

• Desenvolvimento de planos de aula sobre o amor ao próximo, à natureza humana e à natureza como um todo;

• Produção e distribuição de programas infantis e programas de educação;

• Desenvolvimento de jogos educativos;

• Organizar convenções para crianças, pais e educadores.

Sobre o Dr. Michael Laitman
Fundador do Instituto ARI

Dr. Laitman é o altamente qualificado fundador do Instituto ARI. Ele é formado como Professor de Ontologia e Teoria do Conhecimento, PhD em Filosofia e uma MS em Cibernética Médica. Hoje o Instituto ARI tem filiais na América do Norte, Central e América do Sul, como Ásia, África e Europa Ocidental e Oriental.

Dr. Laitman dedica-se à descoberta e promoção de mudanças positivas nas políticas e práticas educacionais e na aplicação delas aos problemas educacionais mais prementes do nosso tempo. Ele propõe uma nova abordagem à educação que implementa as regras de viver em um mundo interdependente e integrado.

Um Guia para Viver em um Mundo Globalizado
Dr. Laitman fornece orientações específicas de como viver na nova aldeia global, nosso mundo cada vez mais tecnologicamente interconectado. Sua nova perspectiva toca todas as áreas da vida humana: social, econômica e ambiental, com ênfase na educação. Ele descreve um novo sistema de educação global, baseado em valores universais. Isso criaria uma sociedade coesa em nossa realidade emergente, mais fortemente interligada.

Em seus encontros com a Sra. Irina Bokova, Diretora Geral da UNESCO, Dr. Asha-Rose Migiro, Secretário Geral Adjunto da ONU, ele discutiu problemas atuais da educação em todo o mundo e sua visão para sua solução. Este tópico crucial está atualmente em processo de grande transformação. Dr. Laitman insiste na urgência.

em se aproveitar das ferramentas de comunicação disponíveis atualmente, considerando as aspirações exclusivas da juventude de hoje e preparando-os para a vida em um mundo altamente dinâmico e global.

Nos últimos anos, Dr. Laitman tem trabalhado estreitamente com muitas instituições internacionais e tem participado de diversos eventos internacionais em Tóquio com o Goi Peace Foundation, Arosa (Suíça) e Düsseldorf (Alemanha) e com o Fórum Internacional das Culturas em Monterrey (México). Esses eventos foram organizados com o apoio da UNESCO. Nestes fóruns globais, contribuiu para debates vitais sobre a crise mundial e descreveu as etapas necessárias para criar uma mudança positiva através de uma conscientização global maior.

Dr. Laitman tem sido destaque na mídia internacional, incluindo o *Corriere dela Sera*, o *Chicago Tribune*, o *Miami Harold*, o *The Jerusalem Post*, e o *The Globe* e RAI TV e Bloomberg TV.

Ele dedicou sua vida a explorar a natureza humana e a sociedade, buscando respostas para o sentido da vida em nosso mundo moderno. A combinação de sua formação acadêmica e conhecimento extensivo, o torna o pensador e palestrante mais requisitado do mundo. Dr. Laitman escreveu mais de 40 livros que foram traduzidos para 18 línguas, todos com o objetivo de ajudar os indivíduos a alcançar a harmonia entre eles e com o ambiente ao seu redor.

A abordagem científica do Dr. Laitman permite que pessoas de todas as origens, nacionalidades e crenças esqueçam suas diferenças e se unam em torno da mensagem global de responsabilidade e colaboração mútua.

Contato:

Perguntas e Solicitações:

info@ariresearch.org

USA

2009 85th St., Suite 51

Brooklyn NY, USA -11214

Tel. +1-917-6284343

Canadá

1057 Steeles Avenue West

Suite 532

Toronto, ON – M2R 3X1 Canada

Tel. +1 416 274 7287

Israel

112 Jabotinsky St.,

Petach Tikva, 49517 Israel

i.vinokur@ariresearch.org

Tel. +972-545606780

www.ingramcontent.com/pod-product-compliance
Lightning Source LLC
Chambersburg PA
CBHW070656290526
45790CB00001B/348